Introdução à nutrição esportiva

O selo DIALÓGICA da Editora InterSaberes faz referência às publicações que privilegiam uma linguagem na qual o autor dialoga com o leitor por meio de recursos textuais e visuais, o que torna o conteúdo muito mais dinâmico. São livros que criam um ambiente de interação com o leitor – seu universo cultural, social e de elaboração de conhecimentos –, possibilitando um real processo de interlocução para que a comunicação se efetive.

Introdução à nutrição esportiva

Neila Maria de Souza Wendling

EDITORA intersaberes
Rua Clara Vendramin, 58 • Mossunguê • CEP 81200-170 • Curitiba • PR • Brasil
Fone: (41) 2106-4170 • www.intersaberes.com • editora@editoraintersaberes.com.br

Conselho editorial
Dr. Ivo José Both (presidente)
Drª Elena Godoy
Dr. Nelson Luís Dias
Dr. Neri dos Santos
Dr. Ulf Gregor Baranow

Editora-chefe
Lindsay Azambuja

Supervisora editorial
Ariadne Nunes Wenger

Analista editorial
Ariel Martins

Preparação de originais
Gilberto Girardello Filho

Edição de texto
Keila Nunes Moreira
Gustavo Piratello de Castro

Capa
Laís Galvão dos Santos (*design*)
ManuelfromMadrid/Shutterstock (imagem)

Projeto gráfico
Luana Machado Amaro

Diagramação
Querido Design

Equipe de *design*
Luana Machado Amaro
Sílvio Gabriel Spannenberg

Iconografia
Celia Kikue Suzuki
Regina Claudia Cruz Prestes

Dados Internacionais de Catalogação na Publicação (CIP)
(Câmara Brasileira do Livro, SP, Brasil)

Wendling, Neila Maria de Souza
 Introdução à nutrição esportiva/Neila Maria de Souza Wendling.
Curitiba: InterSaberes, 2018. (Série Corpo em Movimento)

 Bibliografia.
 ISBN 978-85-5972-716-6

 1. Esportes – Aspectos nutricionais 2. Nutrição 3. Suplementos dietéticos I. Título. II. Série.

18-14243   CDD-796.01

Índices para catálogo sistemático:
 1. Esportes: Suplementação nutricional 796.01
 2. Nutrição esportiva: Suplementação nutricional 796.01

1ª edição, 2018.

Foi feito o depósito legal.

Informamos que é de inteira responsabilidade da autora a emissão de conceitos.

Nenhuma parte desta publicação poderá ser reproduzida por qualquer meio ou forma sem a prévia autorização da Editora InterSaberes.

A violação dos direitos autorais é crime estabelecido na Lei n. 9.610/1998 e punido pelo art. 184 do Código Penal.

Sumário

Apresentação • 11

Organização didático-pedagógica • 15

Capítulo 1
Fundamentos da nutrição esportiva • *19*

1.1 Nutrientes e alimentos • 22
1.2 Princípios da alimentação saudável • 35
1.3 Tipos de dieta • 38
1.4 Relação entre dieta e exercício físico • 46
1.5 Padrões alimentares na nutrição esportiva • 53

Capítulo 2
Energia para praticantes de exercício • *65*

2.1 Fontes de energia para o exercício • 68
2.2 Demanda calórica e intensidade do esforço • 77
2.3 Balanço energético e perda rápida de peso • 84
2.4 Hipercalóricos, *bulking* e *cutting* • 89
2.5 Creatina e estimulantes • 92

Capítulo 3
Carboidrato: o elemento energético • *101*

3.1 Índice glicêmico • 104
3.2 Consumo de carboidratos antes do exercício • 110
3.3 Consumo de carboidratos durante o exercício • 115

3.4 Consumo de carboidratos na recuperação após o exercício • 117
3.5 Hiperglicídicos • 120

Capítulo 4
Proteína: construção e reparação • *129*
4.1 Consumo de proteína antes do exercício • 132
4.2 Consumo de proteína durante o exercício • 136
4.3 Consumo de proteína após o exercício • 139
4.4 Consumo de proteína por atletas vegetarianos ou veganos • 142
4.5 Aminoácidos e hiperproteicos • 145

Capítulo 5
Lipídios e estresse oxidativo • *155*
5.1 Lipídios no exercício • 158
5.2 Grupo ômega • 161
5.3 Triglicerídios de cadeia média • 165
5.4 Estresse oxidativo • 167
5.5 Antioxidantes • 169

Capítulo 6
Água: hidratação em evidência • *179*
6.1 Termogênese no exercício • 182
6.2 Desidratação e *performance* • 184
6.3 Eletrólitos • 190
6.4 Estratégias de reposição hídrica • 192
6.5 Bebidas isotônicas e diuréticos • 196

Considerações finais • 205
Glossário • 207
Referências • 213
Bibliografia comentada • 229
Respostas • 231
Sobre a autora • 245

Ao professor Marcos Ruiz pela oportunidade; ao meu companheiro, professor Fabio Luis; e a todos os meus alunos, por me instigarem à aquisição do saber que aqui compartilho.

As pessoas não
precisam de fórmulas
complexas e receitas
prontas; precisam
de esclarecimento.
O conhecimento
é uma semente capaz
de provocar algum
grau de mudança
no comportamento
humano.

Apresentação

A crescente busca por programas de exercícios físicos é um fator favorável à melhoria da saúde das pessoas em geral. Muitos pesquisadores confirmam que praticantes regulares de exercícios físicos estão mais abertos a alterar positivamente outros comportamentos relacionados à qualidade de vida, como os hábitos alimentares, por exemplo. Nesse sentido, a influência do ambiente esportivo tem sido importante para tentar conter o avanço da epidemia de excesso de peso e para a reeducação nutricional contra outros transtornos de comportamento alimentar, como a bulimia.

A maioria dos nutricionistas esportivos e dos profissionais de educação física tem como público-alvo pessoas comuns que adotaram a prática de exercícios físicos em suas vidas ou que ingressaram em programas de treinamento para resgatar sua saúde, emagrecer ou fortalecer o corpo, ou seja, poucos realmente chegam a trabalhar com o esporte de alto nível. No entanto, à medida que os indivíduos se dedicam mais ao esporte, conceitos como planilha de treino, hidratação, rendimento, suplementação, recuperação imediata e refeição em pré-treino começam a lhes despertar o interesse e fazer parte tanto das suas rotinas quanto das de seus treinadores.

São divulgadas muitas informações sobre alimentos para atletas e estudos sérios de revisão de literatura sobre suplementos produzem resultados difíceis de serem comparados. Os artigos originais publicados sobre o tema usam diferentes metodologias ou protocolos, como: quantidades de nutrientes no produto avaliado; quantidade de nutrientes aplicada; intensidade e tipo de exercício; forma de avaliação; controle de variáveis de confusão (por exemplo, a composição nutricional das refeições habituais); seleção dos sujeitos de pesquisa; entre outros itens que tornam a comparação dos resultados bem limitada. Então, como podemos obter uma fundamentação para a prática da nutrição esportiva?

O melhor caminho, sem dúvida, é seguir as diretrizes de órgãos nacionais, como a Sociedade Brasileira de Medicina do Exercício e do Esporte (SBME) e o Ministério da Saúde (MS), bem como de órgãos internacionais, como o American College of Sports Medicine (ACSM). Essas instituições elaboram periodicamente conclusões (diretrizes, posicionamentos ou *statements*) com base na análise de uma grande equipe de especialistas sobre os estudos publicados a respeito de determinado assunto. Essa é a forma mais segura de não colocar a saúde de alunos e de atletas em risco quando não há consenso a respeito de uma prática esportiva ou nutricional.

Baseando-se nessas recomendações e considerando a prática profissional e outros estudos, neste livro pretendemos mostrar como os nutrientes que ingerimos participam de diferentes etapas fisiológicas da prática de exercícios físicos, desde a escolha dos elementos para o fornecimento de energia durante o esforço, o desgaste e a reconstrução da massa muscular envolvida, passando pela produção de calor e de suor até o trabalho de regeneração dos estoques de energia durante a recuperação. Falaremos sobre algumas estratégias nutricionais que podem ser úteis ao praticante de exercício físico e quais fatores devem ser considerados em sua aplicação, uma vez que o mundo esportivo tem uma gama de diferentes modalidades com características por vezes opostas (um praticante de pilates e um velocista, por exemplo).

Na prática, não existe receita pronta. Assim como o treinamento ideal é aquele elaborado individualmente, a melhor dieta para o atleta é planejada pelo nutricionista de acordo com diferentes fatores, considerando a modalidade praticada, o grau de comprometimento com o esporte e a história clínica do indivíduo.

Porém, cabe aqui um alerta para treinadores e nutricionistas: temos observado, no Brasil, um elevado consumo de suplementos esportivos por praticantes de exercícios aliado a dietas de pouco aproveitamento nutricional. Isso significa que a recomendação ou a autoindicação desses produtos está ocorrendo de forma abusiva, sem a correção prévia do comportamento alimentar para um padrão saudável. Como profissionais da saúde, é nosso dever divulgar o conhecimento sobre nutrientes, fontes alimentares, dieta saudável, importância do acompanhamento profissional especializado, entre outros, e, ao mesmo tempo, conscientizar nossos clientes e alunos sobre o uso coerente de suplementos e hábitos alimentares livres de modismos.

Diferentes materiais sobre alimentação de atletas são organizados de variadas maneiras, pois esse é um tema muito amplo e muito rico em informações. Por isso, optamos por organizar este livro com base em seis tópicos que consideramos de maior relevância na nutrição esportiva. Assim, no Capítulo 1, discutiremos aspectos básicos sobre nutrientes e alimentos e sua interação com o exercício físico. No Capítulo 2, analisaremos processos de produção de energia e de balanço energético. Comentaremos, nos Capítulos 3, 4 e 5, sobre a participação dos principais nutrientes (carboidratos, proteínas e lipídios) antes, durante e após o esforço. Ainda no Capítulo 5, abordaremos o papel de vitaminas e minerais contra o acúmulo de elementos oxidativos gerado pelo exercício extenuante. Por fim, no Capítulo 6, demonstraremos a importância da hidratação para os atletas.

Nosso objetivo é que você, leitor, compreenda os principais conceitos da nutrição esportiva e consiga identificar e favorecer as estratégias nutricionais conciliando esses conhecimentos com sua prática profissional. Por ser uma obra cujo tema se aproxima da bioquímica e da fisiologia, não hesite em consultar o glossário na parte final do livro ao se deparar com alguma palavra com a qual não esteja familiarizado. Além disso, você também encontrará, ao longo do texto, alguns termos em inglês sem tradução específica para o português – os quais são comuns em reportagens sobre treinamentos e academias ou em pesquisas pela internet –, porém apresentamos uma explicação didática para cada um deles, a fim de facilitar seu entendimento.

Boa leitura!

Organização didático-pedagógica

Esta seção tem a finalidade de apresentar os recursos de aprendizagem utilizados no decorrer da obra, de modo a evidenciar os aspectos didático-pedagógicos que nortearam o planejamento do material e como o aluno/leitor pode tirar o melhor proveito dos conteúdos para seu aprendizado.

Importante!

Algumas das informações mais importantes da obra aparecem nestes boxes. Aproveite para fazer sua própria reflexão sobre os conteúdos apresentados.

Perguntas e respostas

Nesta seção, o autor responde a dúvidas frequentes relacionadas aos conteúdos do capítulo.

Síntese

Você conta, nesta seção, com um recurso que o instigará a fazer uma reflexão sobre os conteúdos estudados, de modo a contribuir para que as conclusões a que você chegou sejam reafirmadas ou redefinidas.

Atividades de autoavaliação

Com estas questões objetivas, você tem a oportunidade de verificar o grau de assimilação dos conceitos examinados, motivando-se a progredir em seus estudos e a se preparar para outras atividades avaliativas.

■ Atividades de autoavaliação

1. Leia atentamente a passagem de texto a seguir:

   Os grupos de alimentos devem ser distribuídos ao longo dia e os alimentos de um grupo não podem ser substituídos por alimentos de outros grupos, pois, todos são importantes e necessários, e nenhum grupo deve ser excluído ou inadequadamente substituído. (Philippi, 2013, citado por Gomes; Teixeira, 2016, p. 13)

   Levando em consideração o fragmento de texto e os conteúdos abordados neste capítulo sobre a necessidade de aplicar a variedade na escolha dos alimentos, assinale a alternativa que contém os grupos alimentares que correspondem às principais fontes de carboidratos:
   a) Carnes e ovos.
   b) Óleos e gorduras.
   c) Frutas e grãos.
   d) Frutas e hortaliças.
   e) Peixes e amido.

2. Acompanhe o fragmento de texto a seguir:

   políticas públicas voltadas para o estímulo de mudanças comportamentais que visem a redução da adição de sal no preparo de alimentos e menor consumo de alimentos ultraprocessados, tendo como base o novo Guia Alimentar para População Brasileira desempenham papel fundamental para mudanças efetivas no padrão de consumo de sódio na população brasileira. (Souza et al., 2016, p. 4, grifo do original)

   Considerando o fragmento e os conteúdos deste capítulo sobre os princípios da alimentação saudável, indique a alternativa que apresenta as premissas desejáveis para uma alimentação saudável:
   a) Escolher os mesmos alimentos de cada grupo alimentar, sem experimentar outros.
   b) Preferir alimentos industrializados prontos para consumo, pois já estão equilibrados.

Atividades de aprendizagem

Aqui você dispõe de questões cujo objetivo é levá-lo a analisar criticamente determinado assunto e aproximar conhecimentos teóricos e práticos.

■ Atividades de aprendizagem

Questões para reflexão

1. Uma de suas alunas está seguindo uma dieta da moda chamada dieta dos pontos. Você não conhece as características desse tipo de alimentação, mas percebe que a atleta está perdendo peso de forma rápida, porém não está conseguindo acompanhar com intensidade suficiente os exercícios da sua série de treinamento. O que pode estar acontecendo? Que orientação você deve passar para sua aluna sobre dietas da moda?

2. Você percebe que seu novo aluno de musculação está tomando dois tipos de suplementos durante o treino, embora tenha começado a treinar neste mês e, por isso, ainda está na fase de condicionamento físico de base. Qual deve ser a sua conduta? O que você pode dizer a ele sobre o uso exagerado de suplementos esportivos?

Atividade aplicada: prática

1. Procure uma academia de musculação próxima e pesquise entre os alunos quem usa suplementos esportivos ou faz dietas restritivas. Compare seus resultados com as informações lidas neste capítulo. Reflita sobre os padrões alimentares dos praticantes de exercícios de sua região e verifique que tipo de informação está faltando para que seus entrevistados usem alimentos adequados para os exercícios.

Bibliografia comentada

Nesta seção, você encontra comentários acerca de algumas obras de referência para o estudo dos temas examinados.

BRASIL. Ministério da Saúde. Universidade Federal de Minas Gerais. **Desmistificando dúvidas sobre alimentação e nutrição**: material de apoio para profissionais de saúde. Brasília: Ministério da Saúde, 2016. Disponível em: <http://189.28.128.100/dab/docs/portaldab/publicacoes/desmistificando_duvidas_alimentacao.pdf>. Acesso em: 22 fev. 2018.

É sempre importante acompanhar os materiais produzidos pelo Ministério da Saúde, pois suas recomendações são a base de trabalho para os profissionais dessa área, além de serem veiculadas na mídia disponibilizada para a população em geral. Essa apostila em especial traz informações sobre alimentação e nutrição, com conceitos técnicos voltados à atualização profissional. Trata-se de um bom guia para a alimentação balanceada.

CLARK, N. **Guia de nutrição desportiva**: alimentação para uma vida ativa. 5. ed. Porto Alegre: Artmed, 2015.

Essa obra tem uma linguagem bem acessível e é rica em sugestões de lanches e refeições saudáveis para atletas. A forma bem didática da autora facilita o aprendizado. É, sem dúvida, um bom livro para ser consultado constantemente.

HERNANDEZ, A. J.; NAHAS, R. M. (Ed.). Modificações dietéticas, reposição hídrica, suplementos alimentares e drogas: comprovação de ação ergogênica e potenciais riscos para a saúde. **Revista Brasileira de Medicina do Esporte**, São Paulo, v. 15, n. 3, p. 3-12, maio/jun. 2009. Suplemento. Disponível em: <http://www.scielo.br/pdf/rbme/v15n3s0/v15n3s0a01.pdf>. Acesso em: 21. fev. 2018.

Esse artigo fornece informações fundamentais sobre as alterações nutricionais recomendadas para atletas por meio da avaliação das pesquisas

Capítulo 1

Fundamentos da nutrição esportiva

A nutrição é a ciência que estuda os nutrientes e os processos fisiológicos que eles realizam no organismo, com o objetivo principal de promover a saúde por meio da alimentação. Porém, alimentar-se não é simplesmente extinguir a fome orgânica. A comida apresenta significados pessoais que precisam ser compreendidos quando desejamos alterar o comportamento dietético de alguém. Dessa forma, os nutricionistas também estudam as relações humanas com a refeição, as preferências culturais e os padrões alimentares de grupos sociais.

Na nutrição esportiva não é diferente. Nessa área, estudamos o envolvimento dos nutrientes com o esforço e como podemos otimizar a alimentação dos atletas para melhorar seu desempenho, sua recuperação e sua longevidade na modalidade praticada.

Dessa forma, neste capítulo, conceituaremos alguns termos básicos da nutrição: nutrientes, alimentos, dieta e grupos alimentares. Além disso, analisaremos quais características devem estar presentes em uma dieta balanceada e apresentaremos alguns tipos e padrões de regime comuns entre praticantes de exercícios físicos. Ao final do capítulo, você, leitor, será capaz de compreender a relação da alimentação com a prontidão do corpo para a prática de esportes.

1.1 Nutrientes e alimentos

Os nutrientes se dividem em **macronutrientes** e **micronutrientes**. O primeiro grupo corresponde aos compostos de que o corpo precisa em maior quantidade: carboidratos, proteínas e lipídios. Já o segundo grupo compreende compostos necessários em pequenas, porém importantes doses: vitaminas e minerais. Além desses dois grupos, duas substâncias são essenciais para manter o equilíbrio do organismo: as fibras e a água.

Os **carboidratos** ou **glicídios** são moléculas formadas por carbono, hidrogênio e oxigênio. Sua principal função no organismo é a produção de energia por meio da quebra das ligações entre seus átomos. Classificam-se, de acordo com o tamanho de suas moléculas, em **monossacarídeos**, **dissacarídeos**, **oligossacarídeos** e **polissacarídeos**, conforme o Quadro 1.1. A menor unidade considerada carboidrato – ou carboidrato simples – é o monossacarídeo, como a **glicose**, a **frutose** e a **galactose**.

Quadro 1.1 Classificação dos carboidratos por tamanho de molécula

Monossacarídeos

Dissacarídeos

Oligossacarídeos

Polissacarídeos

Nos alimentos, encontramos a frutose nas frutas e no mel, enquanto a galactose e a glicose são mais comuns associadas a outros monossacarídeos, ou seja, formando dissacarídeos (duas unidades de carboidratos associadas). A lactose do leite é o dissacarídeo resultante da associação de galactose com glicose, e a sacarose, ou açúcar de mesa, é o dissacarídeo formado por uma molécula de frutose e uma de glicose.

Os polissacarídeos são associações de diversos monossacarídeos, por isso são chamados **carboidratos complexos**. Nos alimentos, nós os encontramos no **amido** (batata e mandioca, por exemplo) e nos **grãos**. Formas intermediárias de carboidratos, formadas por poucas moléculas de monossacarídeos, são os oligossacarídeos, mais comuns em produtos industrializados produzidos para atletas, como a **maltodextrina**.

Perguntas & respostas

1. **Qual é a vantagem de haver mais ou menos moléculas de monossacarídeos em um carboidrato?**

   Para a nutrição esportiva, quanto maior for a molécula (carboidrato complexo), mais ligações ocorrerão entre os átomos e, portanto, mais energia esse composto fornecerá. Alimentos ricos em carboidratos complexos (como o amido, por exemplo) são ótimas opções para armazenar energia nas principais refeições do dia de um atleta. Contudo, o processo de quebra dessas ligações, ou seja, a digestão desses compostos tem certo tempo de duração; por isso, não podemos desperdiçar determinados momentos do esforço físico, pois a energia do carboidrato deve estar prontamente disponível para o atleta.

Os oligossacarídeos (maltodextrina) e os monossacarídeos (glicose e frutose) são carboidratos normalmente utilizados em suplementos e em bebidas esportivas, em virtude de sua maior velocidade de digestão e de absorção no organismo. No Capítulo 3, vamos debater a ação provocada pelos glicídios no hormônio insulina, que pode interferir no exercício físico.

As **proteínas** são compostos formados por unidades chamadas *aminoácidos*, os quais são formados por dois agrupamentos químicos: uma amina e uma carboxila. Os aminoácidos diferem dos outros macronutrientes (carboidratos e lipídios) por disporem de nitrogênio, que "lhes confere a propriedade de assumir centenas de diferentes formas que caracterizam a vida" (Mahan; Escott-Stump, 2002, p. 64), ou seja, após serem ingeridos, eles podem se combinar para formar outros tipos de proteínas. Assim, cada proteína tem um perfil único de aminoácidos em sua composição.

Importante!

Como o corpo é um organismo vivo, a todo momento ele está se renovando, substituindo células mais antigas por outras, remodelando-se de acordo com suas necessidades. E de onde vem o material para refazer as estruturas corporais? Principalmente da proteína. Sua principal função é fornecer aminoácidos para a construção e a reparação de tecidos corporais, seja um músculo esquelético, seja uma enzima, seja outro local do corpo, como os órgãos, por exemplo. Essa é uma função da proteína *per se*, não apenas da que encontramos nos alimentos – isto é, a que está presente em nosso corpo também participa de novos arranjos durante a renovação de nosso organismo.

É fácil percebermos a atuação da proteína durante períodos de destreinamento, em que um atleta perde massa muscular, mas não perde peso corporal. Sem o exercício físico, as proteínas musculares se tornam menos necessárias para o movimento, sendo reduzidas a aminoácidos e deslocadas para outras funções orgânicas. Essa é a mágica da proteína: ela é um nutriente dotado de versatilidade – em outras palavras, é um elemento plástico. No entanto, dos aminoácidos de que o corpo precisa para sua renovação, há oito que ele não consegue reconstituir com os elementos corporais e, por isso, precisa de fontes alimentares para suprir essa demanda. Esses compostos são chamados de **aminoácidos essenciais**: fenilalanina, lisina, metionina, treonina, triptofano, valina, isoleucina e leucina, conforme o Quadro 1.2.

Quadro 1.2 Aminoácidos essenciais

Fenilalanina	Triptofano
Lisina	Valina
Metionina	Isoleucina
Treonina	Leucina

Podemos encontrar vários suplementos esportivos que usam como propaganda a característica de contar com esses aminoácidos. Porém, não devemos nos preocupar, pois os suplementos não são a única fonte de aminoácidos essenciais.

Nos alimentos, a proteína é classificada de acordo com a presença de bons níveis de aminoácidos essenciais em sua composição e pode ser proteína de **alto valor biológico** (carnes, aves, peixes, leite e ovos) ou de **baixo valor biológico**, precisamente a de origem vegetal. Para esta fornecer aminoácidos essenciais em proporções adequadas, ela deve ser combinada com outros alimentos (arroz com feijão, por exemplo) para melhorar sua qualidade biológica. Falaremos mais sobre proteínas, aminoácidos e qualidade biológica no Capítulo 4.

Os **lipídios** ou **gorduras** são moléculas formadas pela união de uma unidade de glicerol com três unidades de ácidos graxos. Cada um desses ácidos pode ter diferentes comprimentos de molécula, conferindo mais ligações entre os átomos para serem quebradas e, assim, fornecendo mais energia. São classificados em ácidos graxos de *cadeia muito longa*, *cadeia longa*, *cadeia média* ou *cadeia curta*. Da mesma forma que os aminoácidos, existem ácidos graxos que são essenciais ao organismo por terem funções vitais não energéticas e por não serem processados pelo corpo mediante os elementos ingeridos. São conhecidos como *ômega 3* e *ômega 6*. O tipo de ligação entre seus átomos produz ações diferentes no organismo, as quais servem para classificar os lipídios nos alimentos em gorduras *saturadas*, *monoinsaturadas* e *poli-insaturadas* (Quadro 1.3). Essa é a característica que mais deve ser controlada na ingestão de gorduras, pois o consumo elevado de gorduras saturadas está associado ao desenvolvimento de doença cardiovascular.

Em sua composição, os lipídios saturados apresentam ácidos graxos com todos os átomos unidos por ligações simples, ou seja, todas as ligações estão ocupadas. Já os lipídios insaturados têm uma (mono) ou mais (poli) ligações duplas entre os átomos dos ácidos graxos que os compõem, e elas estão desocupadas e podem reagir beneficamente com outras moléculas no organismo. As principais funções dos lipídios são o fornecimento de energia, a formação de hormônios e o transporte de vitaminas, as quais só transitam pelo corpo se estiverem ligadas a esses nutrientes. Nos alimentos, encontramos lipídios saturados nas gorduras de origem animal ou vegetal: manteiga, banha, gordura da carne (tanto a visível quanto a invisível, que se localiza entre as fibras musculares), bacon, coco, óleo de coco e óleo de palma. As gorduras vegetais compõem a maioria das fontes de lipídios insaturados: óleos vegetais, amêndoas, nozes e amendoim.

Os ácidos graxos essenciais podem ser obtidos com ingestão de peixes de águas frias (salmão, truta, pescadinha), de azeite de oliva e de linhaça. Outras informações sobre lipídios poderão ser encontradas no Capítulo 5.

Quadro 1.3 Classificação dos ácidos graxos por grau de saturação

Ácidos graxos saturados
Ácidos graxos monoinsaturados
Ácidos graxos poli-insaturados

As **vitaminas** são substâncias com diversas ações específicas e atuam principalmente como coadjuvantes na ação das enzimas corporais – por isso, são chamadas de *cofatores enzimáticos* – ou na ação neutralizadora de radicais livres de oxigênio – nesse caso, chamadas de *antioxidantes*. Outra função das vitaminas é favorecer o metabolismo dos nutrientes nos processos de produção de energia em uma ação de regulação. Elas se dividem de acordo com a solubilidade: hidrossolúveis (dissolvem em água) e lipossolúveis (dissolvem em lipídios), como mostra o Quadro 1.4.

Quadro 1.4 Classificação das vitaminas quanto à solubilidade

Lipossolúveis	Hidrossolúveis
Vitaminas A, D, E e K.	Vitaminas A e C, além de vitaminas do complexo B (B1, B2, B6, B12), entre outras.

As vitaminas hidrossolúveis não são estocadas no corpo e devem ser consumidas em doses moderadas, com baixo risco de intoxicação. As mais importantes para o exercício físico são as vitaminas do complexo B, a vitamina B12 e a vitamina C. Por sua vez, as lipossolúveis são armazenadas nos tecidos adiposos, sem limite de tempo para sua utilização, e há maior perigo de ocorrer superdosagem se o consumo for apenas moderado. São exemplos as vitaminas A, D, E e K. As principais fontes alimentares para a ingestão dessas substâncias são frutas e hortaliças frescas (hidrossolúveis) e peixes e óleos vegetais (lipossolúveis).

Os **minerais** são elementos que participam de inúmeras reações do metabolismo, compartilhando com as vitaminas a função de regulação, embora alguns, como selênio e zinco, também cumpram função antioxidante. Os mais importantes para a saúde e para o esporte são o cálcio (constituição óssea, contração muscular) e o ferro (transporte de oxigênio). O primeiro é encontrado no leite, em queijos e iogurtes e também em fontes vegetais verde-escuras, como brócolis e espinafre, porém, nestes, a quantidade do mineral é bem inferior se comparada à dos laticínios. O segundo pode ser obtido pelo consumo de carnes vermelhas, principalmente fígado, mas também de feijões e de lentilhas. A diferença é que o ferro de origem animal já está convertido em sua forma ativa para o organismo (ferro heme), e o de origem vegetal precisa ser ativado (ferro não heme) pelo consumo combinado com fontes de vitamina C (feijão com laranja, por exemplo). O papel antioxidante dos micronutrientes será abordado no Capítulo 5, quando falarmos sobre estresse oxidativo.

Confundidos muitas vezes com minerais, os **eletrólitos** são elementos químicos com carga elétrica: potássio (K^-), sódio (Na^+) e cloro (Cl^-). São vitais para o processo de despolarização de membrana (bomba sódio-potássio) bem como para a contração muscular e a absorção de fluidos (sódio). No esporte, podem estar envolvidos no aparecimento de cãibras em atletas com grande perda de fluidos e de eletrólitos durante o esforço. Veremos mais detalhes sobre esses elementos no Capítulo 6, sobre hidratação.

Já as **fibras** são estruturas que atuam de acordo com sua solubilidade em água, dividindo suas funções entre fibras insolúveis e fibras solúveis. As do primeiro grupo não passam através do intestino e são as principais reguladoras do trânsito gastrointestinal. Além disso, também contribuem para moderar a velocidade de absorção de nutrientes como os carboidratos simples. Por sua vez, as do segundo grupo participam como controladoras do apetite enquanto estão em trânsito pelo trato gastrointestinal e, após serem absorvidas, agem na circulação sanguínea participando da redução do acúmulo de colesterol e de lipídios nos vasos sanguíneos.

Nos alimentos, encontramos fibras solúveis em frutas e hortaliças e insolúveis em grãos integrais e partes estruturais das hortaliças. Para os atletas, o consumo de fibras deve seguir as recomendações válidas para a população em geral, pois não há uma função conhecida específica desses nutrientes que auxilie na *performance* esportiva. Porém, sabemos que seu consumo deve ser evitado em refeições no pré-treino, durante o exercício e na recuperação imediata, pois sua capacidade de retardar o esvaziamento gástrico pode prejudicar o fornecimento de nutrientes nesses momentos.

Quadro 1.5 Classificação e principais fontes das fibras

Fibras insolúveis	Fibras solúveis
Grãos integrais (inclusive aveia), farelos, partes estruturais das hortaliças.	Aveia, frutas, hortaliças.

Além dessas substâncias, não é preciso mencionar que a água é um nutriente vital. Um corpo bem hidratado realiza suas funções com maios facilidade, pois a água é o solvente (meio) no qual se realizam as reações químicas que permitem a vida. No esporte, a boa hidratação atinge importância maior para o desempenho e a manutenção da saúde durante exercícios intensos prolongados ou em ambientes quentes. Pela sua importância, dedicaremos o Capítulo 6 inteiramente a esse nutriente.

Agora que relembrarmos quais são os nutrientes, surge a dúvida: Quanto de cada um devemos ingerir? A quantidade varia de acordo com as necessidades energéticas individuais. No próximo capítulo, vamos explorar a diferença entre a demanda energética das modalidades e os fatores que interferem em seu cálculo. Por ora, vejamos, na Tabela 1.1, as recomendações gerais que podem ser usadas para a orientação nutricional de pessoas saudáveis com índice de massa corporal ideal.

Tabela 1.1 Sugestão de valores energéticos e distribuição de macronutrientes, fibras e água para pessoas saudáveis com índice de massa corporal ideal

	Recomendação de nutrientes	
	Sedentários	Moderadamente ativos
Nível de atividade física	Não realizam nenhum programa de exercício físico, somente as atividades físicas da vida diária	Realizam a recomendação mínima preconizada pela Organização Mundial de Saúde (OMS) – 150 minutos de exercícios físicos de moderados a vigorosos por semana
Energia (kcal/dia)	2000	De 2000 – 3000
Carboidratos (%)	De 50 a 55	De 55 a 60
Proteínas (%)	De 12 a 15	De 12 a 15
Lipídios (%)	30	De 25 a 30
Fibras (g/dia)	25	25
Água (litros/dia)	2	De 2 a 3

Fonte: Elaborado com base em Hernandez; Nahas, 2009; Mahan; Escott-Stump, 2002; WHO, 2011.

|||| *Importante!*

Para saber a quantidade de cada nutriente que há nos alimentos, não é necessário decorarmos a composição nutricional dos alimentos, pois existem tabelas extensas sobre essas substâncias que os nutricionistas consultam para equilibrar dietas. Entretanto, é importante que saibamos reconhecer que cada alimento é composto de combinações de vários nutrientes, uns em quantidade mais abundante do que outros – por esse motivo, o alimento rico em determinado nutriente é considerado fonte dessa substância.

Para facilitar a compreensão das pessoas sobre quais alimentos escolher, os nutricionistas os organizaram em grupos alimentares de acordo com o nutriente predominante em sua composição. Então, **grupo alimentar** é um conjunto de alimentos com características de composição semelhantes e que, por isso, desempenham funções similares no organismo.

Na elaboração de um cardápio, alimentos de um mesmo grupo alimentar podem ser substituídos uns pelos outros – por isso, são chamados de *equivalentes*. Algumas dietas são fundamentadas na utilização de equivalentes para garantir uma variedade mínima de nutrientes na alimentação diária. Falaremos mais sobre dietas na Seção 1.3. Por enquanto, no Quadro 1.6, podemos observar os grupos alimentares e alguns exemplos de alimentos e de nutrientes fornecidos. Em seguida, apresentaremos algumas dicas saudáveis para boas escolhas de cada grupo.

Quadro 1.6 Grupos alimentares, alimentos e principais nutrientes

Grupo alimentar	Principais nutrientes
Grãos e amidos	
Cereais, farelos, aveia, centeio, milho, arroz, pão, massas, batata, mandioca etc.	Carboidratos, vitamina B e fibras.
Frutas	
Banana, morango, mamão, kiwi, pêssego, melão, melancia, frutas secas etc.	Carboidratos, fibras, potássio, vitaminas e fitoquímicos.
Hortaliças	
Espinafre, pimentão, tomate, couve-flor, repolho, brócolis, couve, alface etc.	Vitamina C, betacaroteno, potássio, magnésio, minerais, fitoquímicos e fibras.
Carnes e alimentos proteicos	
Carnes magras, aves sem pele, peixes frescos, manteiga de amendoim, feijão, coalho de soja (tofu) etc.	Proteína, ferro, vitamina B12 e zinco.
Laticínios	
Leite, iogurte, queijos e derivados.	Proteína, cálcio, vitamina D, fosfatos e vitamina B.

(continua)

(Quadro 1.6 – conclusão)

Grupo alimentar	Principais nutrientes
Gorduras e óleos	
Azeite de oliva, amendoim, coco, abacate, nozes, amêndoas, açaí, óleos vegetais, manteiga, banha, bacon, margarina etc.	Lipídios, ácidos graxos essenciais e vitaminas lipossolúveis.
Doces	
Açúcar de mesa, melado, geleias, doces etc.	Carboidratos simples.

Dicas para o consumo de **grãos** e **amidos**:

- Substitua gradativamente os grãos brancos pelos grãos integrais: arroz, farinha e massas preparadas com farinha.
- Prepare arroz e massas sem utilizar óleo.
- Faça o próprio molho de tomate em vez de utilizar molhos prontos.
- Evite o consumo exagerado de acompanhamentos com queijos, manteiga e molho branco.
- Utilize uma pequena quantidade de azeite de oliva no pão em substituição à margarina.
- Prefira mel ou geleias sem açúcar para acompanhar pães integrais.
- Tente fazer pão em casa acrescentando grãos integrais e sementes.

Dicas para o consumo de **frutas**:

- Prefira, nesta ordem: fruta natural fresca inteira; suco de fruta natural; fruta ou polpa congelada; fruta desidratada.
- Evite frutas secas ou desidratadas acrescidas de açúcar ou conservantes.
- Procure frutas da época, pois são mais bonitas e têm menos agrotóxicos.
- Lave bem as frutas para retirar impurezas e agrotóxicos superficiais.
- Adquira frutas e verduras de pequenos produtores ou em feiras orgânicas.

- Guarde as frutas cítricas na geladeira para conservar o teor de vitamina C.
- Evite sucos de fruta industrializados, de caixa, pois eles contêm mais açúcar do que suco de fruta.
- Prefira sucos de fruta sem adição de açúcar, corantes ou conservantes.
- Evite o consumo de frutas em compota, já que apresentam alto teor de açúcar e baixo teor de vitaminas.

A seguir, dicas para o consumo de **hortaliças**:

- Lave bem as verduras para retirar impurezas e agrotóxicos superficiais.
- Cultive uma horta ou uma mini-horta em casa, para colher produtos frescos e orgânicos.
- Prefira, nesta ordem: vegetais frescos; vegetais congelados; vegetais cozidos; vegetais enlatados.
- Lave os enlatados em água corrente para retirar o excesso de sódio.
- Utilize panela ao vapor ou forno de micro-ondas ao cozinhar vegetais, para reter a água nos alimentos e reduzir a perda de vitaminas.
- Atente para a forma de consumo: alguns vegetais precisam ser cozidos para serem consumidos; outros eliminam fitatos e oxalatos na água do cozimento que, por isso, não deve ser reaproveitada.

Dicas para o consumo de **carnes** e **proteínas**:

- Inclua um alimento rico em proteína em cada refeição (exceto em pré-treino e durante o esforço).
- Escolha opções magras para reduzir o consumo de gordura saturada.
- Ingira mais carnes brancas e peixes e menos carnes vermelhas.

- Prefira preparações com pouco óleo e não utilize o caldo do cozimento (ou reabsorverá a gordura saturada da carne).
- Evite consumir alimentos grelhados em chapas untadas com manteiga ou óleo; prefira aqueles grelhados a seco.
- Prefira a ingestão de atum, salmão ou sardinha enlatados nas versões *light* em sódio ou as versões em azeite de oliva, descartando o excesso de óleo.
- Associe feijão e soja, opções vegetais ricas em proteína, a alimentos fontes de vitamina C, para melhorar a absorção do ferro.
- Evite o consumo de embutidos como salame, patês, presunto e mortadela, mesmo que sejam de aves, pois são alimentos ricos em sal, corantes e conservadores.
- Ingira um ovo ao dia, pois não prejudica a saúde (Santos et al, 2013), mas evite formas de preparo que acrescentem gorduras (como ovo frito e ovos mexidos).

Dicas para o consumo de **laticínios**:

- Prefira leite desnatado ou semidesnatado.
- Substitua o leite por bebidas à base de soja, pois elas são boas fontes de proteína, mas precisam ser enriquecidas com vitamina C, cálcio e fósforo.
- Lembre-se de que iogurte não é o mesmo que bebida láctea; por isso, procure por aquele que apresente maior concentração de cálcio por porção (leia a embalagem).
- Escolha queijos brancos (minas, frescal, *cream cheese*), pois eles têm menos gordura saturada que os queijos amarelos (parmesão, minas padrão).
- Procure queijos feitos com leite semidesnatado ou desnatado, pois eles apresentam menos gorduras do que os feitos com leite integral.
- Leve em conta que *frozen yogurt* não é iogurte congelado, mas um alimento processado do açúcar, com menos cálcio e proteína e mais gordura.

Dicas para o consumo de **gorduras**:

- Resguarde-se das gorduras saturadas, por exemplo: a gordura visível da carne e das aves, a pele das aves e os queijos moles, como o *catupiry*.
- Sirva-se de azeite de oliva sem aquecê-lo.
- Ingira a pele e a parte escura do salmão, pois elas contêm maior concentração de ômega 3.
- Evite fritar os alimentos.
- Utilize no máximo uma colher de chá de óleo vegetal para dourar temperos ou fazer pipocas.
- Evite chocolate ao leite: a manteiga de cacau e o cacau não estão relacionados ao aumento do colesterol, mas, quando é acrescentado leite à receita, o perfil dos ácidos graxos sofre alterações que são ruins para a saúde (Santos et al, 2013).

1.2 Princípios da alimentação saudável

A dieta adequada e balanceada é aquela que fornece ao indivíduo todas as necessidades nutricionais para a manutenção e o reparo dos sistemas vitais, bem como para o crescimento e o desenvolvimento do organismo (Mahan; Escott-Stump, 2002).

Para lanches e grandes refeições, é preciso respeitar três pontos importantes: a **variedade**, pois cada alimento contribui com nutrientes especiais; a **moderação**, principalmente de alimentos com baixo teor nutricional, mas também evitando o exagero dos alimentos saudáveis; e a **salubridade**, ou seja, optar por itens naturais ou pouco processados, que têm maior valor nutricional em relação aos com aditivos, como conservantes e corantes, entre outros.

A variedade é a característica que mais auxilia na reeducação alimentar, pois permite que a dieta diária não seja monótona e ainda favorece que o indivíduo conheça melhor os alimentos, pois o estimula a fazer substituições em seu cardápio. Uma das falhas nutricionais mais encontradas nas academias de ginástica, por exemplo, é a falta de relação entre os nutrientes e as suas fontes, ou seja, há pouco conhecimento sobre os alimentos, o que interfere diretamente nas escolhas alimentares.

Já a moderação é um aspecto que requer certo cuidado ao fazermos uma orientação nutricional. Apesar de não haver comida proibida, isso não significa que possamos indicar, mesmo em pequenas quantidades, a ingestão de alimentos que sabemos não serem saudáveis (como gorduras e doces), pois, no total diário, muitas vezes, esse consumo acaba sendo extrapolado.

Por isso, costumamos recomendar que o indivíduo escolha um momento do dia ou da semana para consumir essas guloseimas. Isso funciona bem para algumas pessoas, embora não para outras. Sempre que lidamos com a alimentação humana, é preciso considerar os significados que os alimentos têm para as pessoas. Se o sujeito está convencido de que algo faz ou não mal para a saúde, o caminho para desconstruir essa crença é bem demorado. Em nossa trajetória profissional, percebemos que cada um escuta a mensagem de forma diferente, por mais que tentemos transmiti-la da mesma maneira a todos.

Além disso, é preciso ensinar às pessoas que a ingestão de alimentos saudáveis também precisa ser moderada. Não há sentido algum em comer uma bacia de frutas somente porque se acredita que elas não contribuam para o aumento de peso. O excesso engorda, sim!

Outra face da moderação está no abuso da prática dos exercícios físicos. Pessoas que se exaurem nas academias podem estar apresentando um desvio de comportamento chamado *vigorexia*. A consequência disso é que há uma tendência maior de essas pessoas desenvolverem transtornos do comportamento alimentar. Um transtorno é um comportamento anormal ou excessivo, o qual, nesse contexto, pode ser anorexia, bulimia, compulsão seguida de exercícios e outras situações, por vezes mais comuns do que imaginamos. Na Seção 1.5, sobre padrões alimentares na nutrição esportiva, vamos explorar com mais detalhes esses problemas.

A salubridade deve atender às orientações presentes no artigo *Dez passos para uma alimentação adequada e saudável*, presente no último *Guia alimentar para a população brasileira*, proposto pelo Ministério da Saúde (Brasil, 2014). Esse documento dá maior ênfase ao consumo de alimentos em suas formas naturais e à convivência e à participação do indivíduo no preparo do próprio alimento, englobando, também, outros aspectos da saúde como um todo, como a sociabilização e o protagonismo.

Além disso, a **proporção** combina as quantidades ideais dos alimentos de acordo com as funções que seus nutrientes exercem no organismo. De nada adianta comer muitas opções de um grupo de alimentos – por exemplo, proteínas – se não há uso para toda a quantidade ingerida, além de o organismo sentir falta de outros nutrientes. Imaginando que os indivíduos que praticam esporte conseguem manter uma dieta balanceada em relação à variedade, à moderação e à salubridade, a proporção será a peça-chave para as adaptações em sua modalidade de escolha e fase de treinamento. A ideia de proporção será retomada quando discutirmos sobre as necessidades energéticas das modalidades no Capítulo 2.

No Quadro 1.7, a seguir, apresentamos um resumo das características da dieta saudável.

Quadro 1.7 Características da dieta saudável

Variedade	Buscar diferentes alimentos dentro de um grupo alimentar, evitando a monotonia.
Moderação	Consumir o suficiente (recomendado), sem abusos, mesmo em relação a alimentos pertencentes a grupos alimentares considerados saudáveis.
Salubridade	Preferir alimentos naturais ou preparações caseiras com alimentos naturais.
Proporção	Combinar a quantidade de acordo com as funções dos nutrientes no organismo.

1.3 Tipos de dieta

Antes de iniciarmos essa discussão, vamos explicar o significado do termo *dieta*. Algumas pessoas podem ter preconceito com relação a essa palavra, imediatamente associando-a à restrição alimentar. Porém, *dieta*, para o nutricionista, é o plano alimentar a ser seguido, seja com mais, seja com menos alimentos.

Nosso objetivo, agora, é apresentar alguns tipos de dieta que são utilizados comumente pelas pessoas em geral e que também podem fazer parte do hábito de quem pratica exercícios físicos, pois estão relacionadas à reeducação nutricional ou a práticas para a perda de peso. Trabalhando no ambiente esportivo, em algum momento ouvimos falar dessas dietas – geralmente, alguém pergunta se uma delas é melhor do que as outras.

Inicialmente, vamos abordar as dietas utilizadas para a reeducação nutricional.

A prescrição dietética apoiada na forma de pirâmide é bastante usada em programas de reeducação nutricional em que o número de porções (quantidade) de cada grupo alimentar é definido e o indivíduo é orientado a realizar as substituições dentro do mesmo grupo por alimentos equivalentes. Assim, sempre que alguém citar que segue a "dieta dos equivalentes", está seguindo uma prescrição dietética pelo conceito de **pirâmide alimentar**.

A Figura 1.1, a seguir, apresenta os princípios da alimentação saudável da variedade, da moderação e da proporção. Ela mostra a pirâmide alimentar adaptada e reformulada à população brasileira por Sônia Tucunduva Philippi (2013, citada por Gomes; Teixeira, 2016).

Figura 1.1 Pirâmide alimentar adaptada à população brasileira

Guia para escolha dos alimentos
Dieta de 2 000 kcal

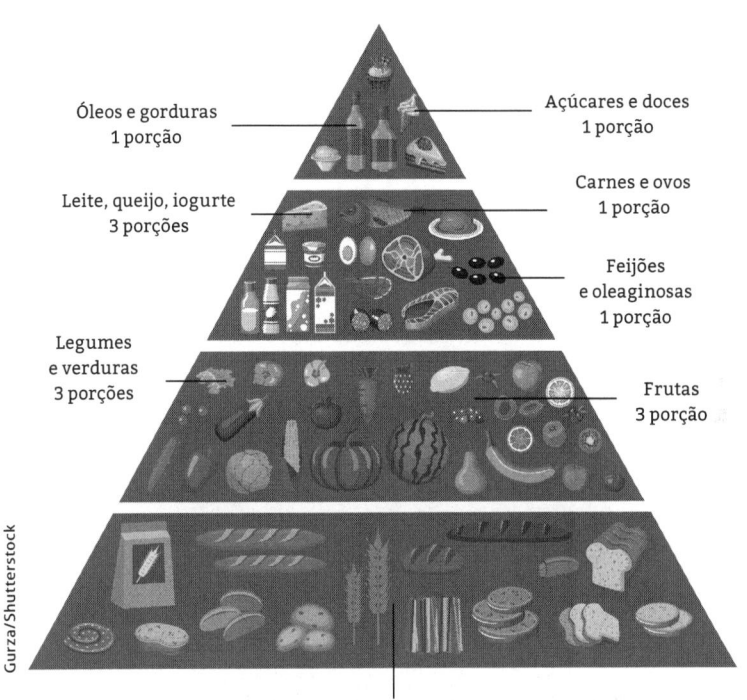

- Óleos e gorduras — 1 porção
- Açúcares e doces — 1 porção
- Leite, queijo, iogurte — 3 porções
- Carnes e ovos — 1 porção
- Feijões e oleaginosas — 1 porção
- Legumes e verduras — 3 porções
- Frutas — 3 porção
- Arroz, pão, massa, batata, mandioca — 6 porções

Fonte: Adaptado de Philippi, 2013, citada por Gomes; Teixeira, 2016, p. 11.

A ideia é que os alimentos que compõem a base da pirâmide (grãos e amidos) sejam consumidos em maior proporção do que aqueles localizados no topo da pirâmide (óleos, gorduras, açúcares e doces). Atualmente, o Ministério da Saúde não está mais reforçando o modelo de pirâmide para orientação alimentar. Em contrapartida, a instituição procura enfatizar mais os aspectos sociais dos alimentos em busca de uma dieta saudável para a população. Tanto a parte social quanto a cultural da alimentação podem ser encontradas em outro tipo de pirâmide, como a referente à dieta mediterrânea, apresentada na Figura 1.2.

Figura 1.2 Pirâmide da dieta mediterrânea

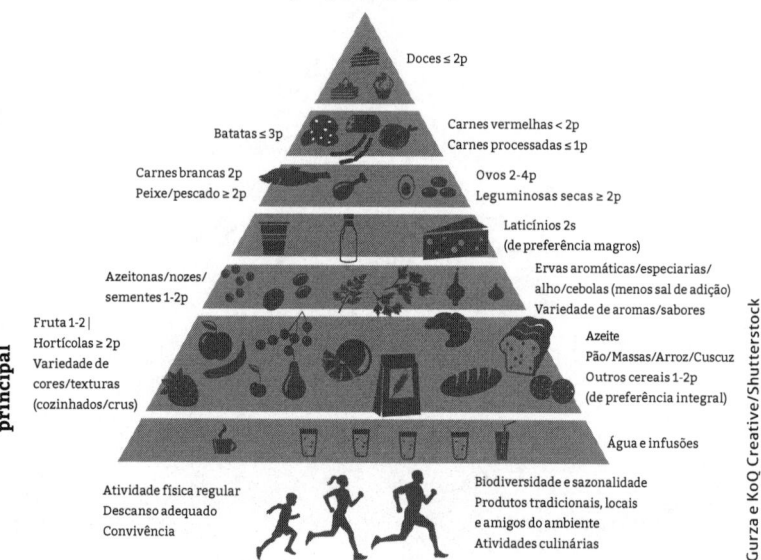

A Pirâmide da Dieta Mediterrânica: um estilo de vida para os dias de hoje
Recomendações para a população adulta

Doces ≤ 2p
Batatas ≤ 3p
Carnes vermelhas < 2p
Carnes processadas ≤ 1p
Carnes brancas 2p
Peixe/pescado ≥ 2p
Ovos 2-4p
Leguminosas secas ≥ 2p
Laticínios 2s (de preferência magros)
Azeitonas/nozes/sementes 1-2p
Ervas aromáticas/especiarias/alho/cebolas (menos sal de adição)
Variedade de aromas/sabores
Fruta 1-2 |
Hortícolas ≥ 2p
Variedade de cores/texturas
(cozinhados/crus)
Azeite
Pão/Massas/Arroz/Cuscuz
Outros cereais 1-2p
(de preferência integral)
Água e infusões
Atividade física regular
Descanso adequado
Convivência
Biodiversidade e sazonalidade
Produtos tradicionais, locais e amigos do ambiente
Atividades culinárias

A cada refeição principal — Diariamente — Semanalmente

Gurza e KoQ Creative/Shutterstock

Fonte: Adaptado de Fundación Dieta Mediterránea, 2010.

A dieta mediterrânea foi idealizada em 2010 pela Fundación Dieta Mediterránea e publicada pela Associação Portuguesa de Nutricionistas. Nesse mesmo ano, ela foi classificada como patrimônio cultural imaterial da humanidade pela Organização das Nações Unidas para a Ciência, a Educação e a Cultura (Unesco), principalmente por representar práticas tradicionais e conhecimentos transmitidos de geração em geração ao longo do tempo. Suas características incluem:

- cozinha simples, em que o preparo protege a preservação dos nutrientes;
- alimentos fluidos como sopas, cozidos, ensopados e caldos;

- elevado consumo de alimentos vegetais e baixo consumo de alimentos animais;
- consumo de pães integrais e cereais pouco refinados;
- aquisição de alimentos produzidos localmente, frescos e de época;
- uso do azeite de oliva como principal fonte de gordura da dieta;
- consumo moderado de laticínios;
- utilização de ervas aromáticas para temperar, em vez de sal;
- consumo frequente de pescado e baixo de carne vermelha;
- consumo de vinho nas refeições principais;
- água como principal bebida ao longo do dia;
- realização das refeições à mesa, favorecendo o convívio familiar.

Pela baixa frequência de doenças cardíacas em indivíduos que a seguem em comparação com a de consumidores de outras dietas ocidentais, a combinação de alimentos da dieta mediterrânea ganhou grande repercussão no Brasil, e vários de seus princípios influenciaram a reformulação do documento *Guia alimentar para a população brasileira* pelo Ministério da Saúde (Brasil, 2014), que mencionamos anteriormente.

Uma das dificuldades encontradas pela população brasileira para seguir a dieta mediterrânea reside no alto consumo de carne vermelha. Mesmo sendo um país com um litoral extenso, permeado por rios de grande porte, a produção de gado para corte (pecuária) é uma importante atividade econômica, ao contrário do que acontece na Europa, em que não há tanta disponibilidade de carne de gado para consumo. Aliás, fazer a transição para o estilo mediterrâneo requer algum esforço em modificar o modo de preparo dos alimentos, uma vez que faz parte das origens culturais brasileiras o fato de a culinária ser repleta de gorduras saturadas, a exemplo do uso de dendê, de gordura e de pedaços de porco na feijoada, além do pão com banha, do torresmo e da manteiga de garrafa, entre outros exemplos.

Outro tipo importante de dieta alimentar é o **vegetarianismo**. As pessoas podem optar, de acordo com suas concepções filosóficas, por restringir o consumo de produtos animais como carnes, aves, peixes, ovos ou leite e, até mesmo, de produtos que gerem sofrimento animal para sua produção (por exemplo, aqueles que são testados em animais). É possível ser vegetariano e ter uma alimentação equilibrada fazendo as substituições necessárias e adotando suplementação adequada, mas, como toda dieta que restringe algum grupo alimentar (dieta restritiva), quanto mais alimentos forem dispensados do cardápio, maior será o risco de desenvolvimento de carências alimentares – como anemias por deficiência de ferro ou de vitamina B12. Veremos com mais detalhes as variações do vegetarianismo e suas consequências para atletas no Capítulo 4.

A seguir, com base no documento *Desmistificando dúvidas sobre alimentação e nutrição* (Brasil, 2016), apresentamos algumas dietas e algumas práticas alimentares comumente adotadas por indivíduos que desejam perder peso. A maioria das receitas promete resultados rápidos, porém seus argumentos não têm comprovação científica, ou seja, não há garantias de que funcionem como esperado. Também é preciso verificar as observações sobre os pontos negativos de cada uma, pois, na maioria das vezes, quando alguém atinge resultados rápidos com determinada dieta, o organismo é submetido a alguma privação ou a um sofrimento desnecessário.

A primeira dieta que vamos abordar é a **dieta alcalina**, fundamentada na melhora da relação entre potássio e sódio para aumentar a capacidade de tamponamento da acidose metabólica. Ela promove a escolha de alimentos com pH alcalino, evitando aqueles considerados ácidos ou fazendo combinações de alimentos que neutralizam o potencial ácido da refeição. O problema é que não há uma tabela definitiva que compreenda esses alimentos e seus respectivos graus de pH nem estudos suficientes que justifiquem sua presença na composição do plano alimentar com base em suas características alcalinas – já que eles supostamente realizam ação neutralizadora tanto quanto o mecanismo de tamponamento natural que temos no corpo (ação do bicarbonato). Essa dieta também já foi chamada de *dieta Gracie*, pois foi divulgada como a dieta seguida por lutadores de jiu-jítsu na década de 1990, época em que a modalidade estava em alta.

De tempos em tempos, a opinião popular escolhe um alimento e lhe atribui toda a culpa pelas doenças crônicas e pela falta de equilíbrio nutricional da sociedade moderna. Na atualidade, estamos enfrentando a crença de que o glúten (proteína presente no trigo, na cevada e no centeio) é o vilão do momento. A **dieta sem glúten e sem lactose** se fundamenta na redução da inflamação intestinal que essas substâncias provocam em alérgicos à primeira – celíacos – e em intolerantes à segunda – pessoas que não processam esse açúcar em seus intestinos, em virtude da redução ou da falta da enzima lactase.

Perguntas & respostas

1. **Por que pessoas saudáveis, sem alergias e com quantidades ideais de enzimas evitam ou retiram alimentos que contêm glúten ou lactose de suas dietas?**

    Não há razão para isso, porém, os seguidores dessa dieta atribuem uma perda de peso significativa a sua adoção. Na realidade, a exclusão desses alimentos das refeições provoca uma redução calórica expressiva, pois a restrição alimentar é muito grande e difícil de seguir. O glúten, por exemplo, se encontra em muitas fontes importantes de carboidratos, como pão, massas, biscoitos, farinhas de trigo ou de centeio. A dieta que restringe a lactose elimina da alimentação o leite e os laticínios. Além da causar redução de energia, ela é deficiente em cálcio, fósforo e vitamina D.

A **dieta detox** é assim chamada porque os alimentos que dela fazem parte contêm ingredientes que promovem a limpeza do organismo ou a desintoxicação ao eliminar toxinas originárias da digestão, possibilitando a redução dos radicais livres de oxigênio (explicaremos mais sobre esses elementos no Capítulo 5, em que trataremos do estresse oxidativo). Seu uso exige grande restrição alimentar, portanto, essa dieta pode causar desnutrição com perda de massa magra, distúrbios de eletrólitos e desidratação. Além disso, ela não tem comprovação da ciência sobre seu efeito desintoxicante. Quem segue essa dieta se alimenta basicamente de chás, sucos, coquetéis e alimentos *in natura* ou minimamente processados, de preferência frutas e hortaliças. Pode ser interessante combinar um dia de dieta detox após um episódio de exageros alimentares – preferencialmente em períodos de descanso do treino – com dias de refeição balanceada, mas seguir dietas restritivas como essa por um período de tempo maior causa desequilíbrios nutricionais que trazem riscos à saúde.

A **dieta Dukan**, por sua vez, é elaborada em etapas. Em primeiro lugar, há uma fase de ataque, que compreende sete dias em que o indivíduo se alimenta somente de proteína magra e farelo de aveia. Na sequência, seguem-se a fase do cruzeiro até o peso desejado, com proteína magra, verduras e legumes; a fase de consolidação, em que ocorre acréscimo de carboidratos; e, por fim, a fase de estabilização, com hábitos alimentares normais – porém, em um dia por semana, prescreve-se o consumo somente de proteína magra e farelo de aveia. Esse tipo de planejamento não provoca a reeducação alimentar, restringe os carboidratos por muito tempo para quem faz exercícios físicos e gera risco de sobrecarga renal pela elevada ingestão de proteína.

O estilo de alimentação em que predominam *shakes* e **sopas ricas em fibras** ganhou um apelo comercial muito forte entre praticantes de exercícios por promover emagrecimento. Dietas dessa natureza apelam para a substituição de uma ou de mais refeições diárias por um copo de vitamina de leite ou de água batida com pó rico em fibras (*shake*). A perda de peso é atingida com a redução calórica resultante da menor quantidade de alimento (refeição substituída pelo líquido) e pela sensação de saciedade provocada pelas fibras, que inibe a fome. O ponto negativo dessas dietas é que, por elas não promoverem a reeducação nutricional, é difícil manter o controle do peso corporal após o emagrecimento assim que se deixa de consumir esses produtos. Além disso, o grande conteúdo de fibras, quando é maior do que as necessidades diárias, pode causar redução da absorção de vitaminas e minerais, contribuindo para o desequilíbrio nutricional.

Importante!

A adoção de dietas restritivas como as que apresentamos causa preocupação pelos desequilíbrios nutricionais que provocam, com consequências para a saúde e para o rendimento esportivo. Quando elas são seguidas por praticantes de exercícios mais intensos, as necessidades de energia e de nutrientes para o esforço podem não ser atendidas, e o programa de treino se transforma em mais um fator de estresse orgânico. Portanto, ao se pensar em modificar hábitos alimentares, é preciso levar em conta a influência da dieta na capacidade de realizar exercícios.

1.4 Relação entre dieta e exercício físico

Antes de esperar eficiência de qualquer estratégia nutricional relacionada ao esporte, é preciso que o sustento de base do indivíduo seja corrigido para um padrão saudável. A alimentação balanceada e proporcional à quantidade de esforço físico é o ponto de partida para o máximo desempenho esportivo tanto de praticantes de exercícios físicos quanto de atletas em diferentes níveis de rendimento (Hernandez; Nahas, 2009). Isso significa que mesmo atletas de alto nível precisam de uma alimentação balanceada como alicerce para a melhora de suas *performances*. Um corpo livre de drogas, bem alimentado, leve e fluido responde melhor ao treinamento e às intervenções da nutrição esportiva. Então, o que você, leitor, está aprendendo aqui poderá ajudá-lo a orientar melhor as pessoas sob seus cuidados em direção à saúde, em todos os níveis de dedicação aos exercícios.

Especificamente em relação à nutrição esportiva para atletas, os principais órgãos internacionais da área são o Academy of Nutrition and Dietetics (AND), o Dietitians of Canada (DC) e o American College of Sports Medicine (ACSM), enquanto, no Brasil, é a Sociedade Brasileira de Medicina do Exercício e do Esporte (SBME). São essas instituições que definem os direcionamentos para a conduta profissional do nutricionista esportivo com base em análises criteriosas das pesquisas produzidas sobre o assunto nos meios acadêmicos (evidências científicas). Segundo o posicionamento mais recente desses órgãos, os **principais pontos** a serem considerados sobre a alimentação de atletas são (Thomas; Erdman; Burke, 2016, p. 503):

- Garantir o aporte de substratos (**disponibilidade de energia**) para a função cognitiva e para a máxima *performance* durante um evento esportivo.
- Focar em estratégias que **reduzem ou retardam a fadiga** de atletas.

- Atingir a **composição corporal ótima** para a *performance*, evitando práticas de redução da disponibilidade de energia e o estresse psicológico (por exemplo, perda rápida de peso).

Sobre a disponibilidade de energia, é importante destacar que as necessidades nutricionais não são iguais entre atletas de uma mesma modalidade e tampouco são as mesmas para um único atleta ao longo de todo o planejamento esportivo. Isso significa que há períodos em que a exigência física dos treinos é maior ou menor, há fases de competição e fases de regeneração, há competições em locais de altitude, em ambientes quentes etc. Assim, para cada tipo de treino ou de competição, deve ser elaborado um plano alimentar diferente, pois as necessidades do atleta serão diversificadas.

Quanto mais dedicado o atleta for ao esporte, maior será a tendência de ele estar treinando ou competindo próximo ao nível máximo de sua *performance* física, em que o risco de lesões e de queda da imunidade associadas ao *overtraining* está presente. Podemos dizer que o atleta de alto rendimento está além do limite de saúde proporcionado pelos exercícios físicos em virtude da imensa demanda metabólica e psicológica a que está submetido.

O *overtraining* é um termo usado para descrever um conjunto de sintomas e sinais de que o corpo do atleta passou dos limites, geralmente caracterizado pela redução da estamina, pelo aumento do número de lesões e pela queda nos resultados. A nutrição para um atleta em nessa situação tem como objetivo o fortalecimento do sistema imunológico e a regeneração de tecidos. É fácil concluir que atletas com dietas de base desequilibradas apresentam *overtraining* mais rapidamente do que aqueles bem nutridos, pois as restrições crônicas de energia e de nutrientes não permitem que o organismo se recupere completamente de uma carga de treino ou de uma competição.

O aporte de substratos também deve disponibilizar a energia necessária no momento correto entre a preparação, a realização e a recuperação do esforço. Dessa forma, *momento* é a palavra principal para guiar o planejamento nutricional relacionado ao treinamento. Mesmo quantificando (em termos de proporção) e escolhendo bem os alimentos ideais a serem ingeridos, é preciso considerar que cada nutriente tem um tempo de digestão diferente e que a combinação de alimentos em uma refeição poderá aumentar ou não a velocidade com que a energia e os nutrientes estarão disponíveis para uso no exercício. É por isso que pessoas que seguem a recomendação básica de realizar cinco refeições diárias em horários fixos (café da manhã, lanche da manhã, almoço, lanche da tarde e jantar) nem sempre têm energia para treinar ou estudar nos horários livres para tais atividades e alguns nutricionistas simplesmente não têm sucesso ao fazer um plano alimentar sem considerar a hora dos exercícios de seus clientes.

Se alguém decide treinar, deve reorganizar suas refeições para que elas ajudem seu corpo a ter nutrientes no momento certo, evitando treinar com a barriga cheia ou em jejum. À medida que o envolvimento com o esporte vai aumentando, outras refeições podem ser acrescidas levando em conta essa recomendação básica. É importante ter em mente que a palavra *refeição* não representa, por exemplo, um prato cheio de macarrão ou uma quantidade enorme de comida. Em nutrição, chamamos de *grandes refeições* o desjejum (o café da manhã), o almoço e o jantar, pela maior quantidade de comida ingerida nesses momentos, e de *pequenas refeições* os lanches intermediários, conforme o Quadro 1.8.

Em outras palavras, uma refeição pode ser um lanche, como um iogurte com granola e frutas. Na fase de recuperação imediata após esforço, por exemplo, a refeição pode ser um suco de melão com bananas; e na fase de recuperação tardia, batatas assadas com molho de tomate e peito de frango. Dependendo do **momento**, falamos em grandes ou em pequenas refeições.

Quadro 1.8 Classificação e exemplos das refeições

Desjejum	Grande refeição	Café com leite semidesnatado; Pão integral na chapa com azeite de oliva, queijo branco, pimenta-do-reino e orégano; Melão e morango com granola; Ovos mexidos; Suco de laranja com cenoura.
Lanche	Pequena refeição	Iogurte natural com aveia em flocos, banana e carambola.
Almoço	Grande refeição	Salada mista de folhas verdes; Tomate, cenoura ralada e broto de feijão; Arroz integral; Feijão preto; Posta recheada; Torta de cebola.
Lanche	Pequena refeição	Sanduíche de alface e salpicão de frango; Suco de melancia.
Jantar	Grande refeição	Sopa de beterraba, carne e legumes; Pães variados assados com queijo e tomate.
Lanche ou ceia	Pequena refeição	Leite com mel; Biscoitos salgados; Mamão.

Ajustes na dieta antes, durante e após as sessões de exercício bem como fornecimento de fluidos com ou sem nutrientes e a própria composição alimentar são estratégias para **minimizar o efeito da fadiga** em atletas. O processo fisiológico da fadiga indica que determinado exercício não poderá ser realizado por muito mais tempo, pois o corpo já começa a "proteger-se" e, para manter suas funções vitais, desvia recursos que antes orientava para a *performance* esportiva.

Em relação à nutrição, a fadiga pode ocorrer quando o atleta não tem uma boa alimentação de base, por falha na reposição de fluidos e/ou eletrólitos, pelo momento inadequado da refeição em pré-treino, por uma fase de saturação de glicogênio insuficiente ou por falha na reposição de carboidratos durante o esforço. Porém, mesmo que esses processos ocorram adequadamente, pode haver fadiga por motivos intrínsecos ao atleta, como *overtraining* ou falta de motivação. É preciso avaliar todas as possibilidades pois, em vez de acreditar que mais nutrientes, mais fluidos ou outros suplementos precisam ser aplicados, na realidade, a causa da fadiga pode não ser nutricional. É comum observarmos isso em academias de musculação, em que praticantes de exercícios fazem uso de suplementos sem a correta orientação, por vezes consumindo três ou quatro tipos de produtos para uma mesma finalidade e com resultados inexpressivos. A questão é que não são os suplementos sozinhos que vão construir um corpo musculoso, pois outros fatores precisam ser ajustados antes de o indivíduo partir para o refinamento da dieta com o uso de algum tipo de suplemento ou não.

Por fim, a nutrição esportiva precisa estar atenta para auxiliar os atletas a atingirem a **melhor forma física no momento ideal** para a máxima *performance* possível. Assim, não adianta recorrer ao planejamento alimentar um mês antes de uma competição se o atleta estiver acima do peso. É preciso pensar a longo prazo e programar quais ajustes na composição corporal devem ser feitos e em quanto tempo será possível realizar essa mudança sem recorrer a práticas drásticas que reduzam a disponibilidade de energia durante os treinamentos. Existem atletas que estão mais propensos a se submeter a restrições energéticas exageradas com fins competitivos ou estéticos. Voltaremos a esse assunto no Capítulo 2, quando discutirmos sobre a perda rápida de peso.

Outra consideração importante relacionada à composição corporal é que as quantidades de energia, de carboidratos e de proteínas devem ser expressas por **quilograma de massa corporal** para atender à grande variação de proporções corporais (biótipos) (Thomas; Erdman; Burke, 2016). Diferentes modalidades exigem atletas com compleições corporais em conformidade com as valências físicas envolvidas nas competições. Alguns precisam ser leves e ágeis, ao passo que outros devem ser mais fortes e explosivos. Porém, dentro de uma mesma modalidade podemos encontrar atletas com características físicas diversas atuando em posições estratégicas, como em uma equipe de futebol, que conta com zagueiro e centroavante, entre outros. Nesse caso, se calculássemos as demandas energética e de macronutrientes desses dois atletas somente considerando a intensidade do esforço envolvido em uma partida de futebol ou em uma sessão intermitente de treinamento desse esporte, acabaríamos considerando o mesmo valor calórico de dieta para os dois, sendo que, na realidade, um corre mais do que o outro e um tem mais massa muscular do que o outro. Também é comum encontrarmos atletas de uma mesma modalidade com mais ou menos dificuldade em se manterem no peso ideal para a *performance* esportiva. Por esses motivos, sempre calculamos as necessidades energéticas e nutricionais com base no indivíduo – e não somente na modalidade –, considerando sua massa corporal e outras características do esporte que ele pratica.

A SBME e o ACSM recomendam que sejam considerados alguns fatores para o planejamento das estratégias nutricionais adequadas aos atletas (Hernandez; Nahas, 2009; Thomas; Erdman; Burke, 2016):

- Modalidade praticada.
- Fase do treinamento.
- Calendário de competições.
- Objetivos da equipe técnica em relação ao desempenho.
- Metabolismo basal.
- Demanda energética do treino (intensidade e duração).
- Necessidades de modificação da composição corporal.
- Fatores clínicos presentes (mastigação, digestão e absorção).

- Tempo entre a ingestão, a digestão e o aproveitamento metabólico.
- Ambiente da prática.
- Efeitos do treinamento anterior.
- Apetite.
- Respostas individuais e preferências

Além desses aspectos, assim como fazemos com um par de tênis ou um equipamento novo, não é recomendado estrear estratégias nutricionais em competições. Sempre há a possibilidade de ser necessário fazer um ajuste após a experiência do atleta com o recurso nutricional aplicado a fim de minimizar desconfortos e aprimorar o efeito ergogênico esperado. O atleta precisa estar habituado ao suplemento ou à estratégia para competir sem sustos.

Como podemos perceber, o planejamento da nutrição esportiva adequado ao aprimoramento esportivo parece ser um enorme quebra-cabeça. Todavia, não devemos nos preocupar em calcular todos os itens envolvidos. Após muito estudo e atualização constante, sempre trabalhando em conjunto com atletas e treinadores, os nutricionistas esportivos são especializados em resolver essas questões. Para nossa intenção neste livro, é suficiente conhecer a relação entre a alimentação e o exercício físico, bem como quais fatores podem interferir nos resultados de um plano alimentar esportivo, para identificar quando um recurso funciona ou quando precisamos realizar modificações, colaborando com a aplicação das estratégias propostas pelo trabalho da equipe interdisciplinar. No Quadro 1.9, a seguir, apresentamos um resumo das principais funções da nutrição no desempenho esportivo.

Quadro 1.9 Principais funções da nutrição no desempenho esportivo

Garantir aporte de energia e de nutrientes
Minimizar a fadiga durante e após o esforço
Ajustar a composição corporal para a melhor forma física no momento ideal

Na seção a seguir, vamos apresentar alguns padrões alimentares frequentes entre praticantes de exercícios físicos, dentre os quais está o uso abusivo de suplementos esportivos.

1.5 Padrões alimentares na nutrição esportiva

Padrão alimentar é o conjunto de características nutricionais que um grupo de pessoas apresenta ou segue. Um padrão alimentar resulta das informações veiculadas pelo meio social (nesse caso, desportivo) misturadas a conceitos, imagens, crenças, valores e experiências individuais dos atletas. Em outras palavras, correspondem às "receitas" e às "dicas" que os praticantes de exercício autoaplicam ou divulgam acreditando serem elas realmente eficientes para seus objetivos. Geralmente, tais padrões são uma mistura de realidade e ficção, em que aspectos condizentes com a ciência da nutrição se misturam com informações generalistas (Kanno et al., 2009).

Na prática, é bastante frequente explicar aos alunos ou clientes sobre se um determinado alimento ou truque funciona ou não. Como dissemos antes, quase todos os dias alguém pergunta se já ouvimos falar de tal fruta exótica milagrosa ou de uma dieta diferente. As pessoas são ávidas por resultados rápidos e simples que não envolvam o sofrimento de fazer escolhas e o trabalho de conquistar ou de manter resultados. Para ajudar a desmistificar esses conceitos, pesquisas em todo o território nacional sobre o comportamento alimentar de atletas têm mostrado em que aspectos devemos melhorar nossa informação aos aluno e clientes com conhecimento baseado em evidências, não em modismos.

Para fins didáticos, podemos organizar os padrões alimentares comuns na nutrição esportiva sob três perspectivas:

1. Grau de conhecimento nutricional sobre alimentação para o exercício.
2. Excesso na utilização de suplementos.
3. Comportamento de risco para o desenvolvimento de transtornos alimentares.

Mesmo com acesso a um turbilhão de informações veiculadas na mídia sobre alimentos e nutrientes, muitos dos participantes de programas de exercício ainda têm dúvidas sobre alguns conceitos básicos da alimentação. Um estudo ilustra um fato recorrente: nas academias, a maior parte dos praticantes de exercícios que apresentam alto grau de escolaridade tem dificuldade em estabelecer a relação do alimento com sua fonte (Moreira; Rodrigues, 2014). Em outras palavras, eles não conseguem identificar se um alimento é rico em proteínas ou em carboidratos, por exemplo, mesmo estando na universidade ou já tendo cursado uma faculdade. Como consequência, a falta de conhecimento sobre nutrição, entre outros fatores, pode influenciar o padrão alimentar desses indivíduos, contribuindo para fortalecer suas crenças em relação ao assunto (Panza et al., 2007).

Outro aspecto que merece relevância é o baixo consumo de carboidratos, causada pela crença de que eles não são os principais nutrientes para desportistas. Pelo contrário, os carboidratos são o principal substrato energético para os exercícios, mas a maioria dos indivíduos pesquisados afirma que a proteína deve compor a maior parte da dieta de atletas (Lopes et al., 2015) ou simplesmente consome quantidades abaixo do recomendável para seu nível de esforço (Ferreira; Bento; Silva, 2015). Esse fator pode estar associado aos padrões alimentares de fisiculturistas em busca de um corpo musculoso, que atrai os praticantes de academia e os leva a acreditar que consumir proteína melhora a imagem de seu corpo e que os carboidratos os fazem engordar.

Outros fatores dietéticos estão associados a esse público e precisam ser esclarecidos, como a opção por dietas restritivas da moda, a crença de que vitaminas e minerais fornecem calorias e o hábito de se exercitar em jejum. Mesmo tendo um papel vital no metabolismo, vitaminas e minerais não são substratos energéticos e, portanto, precisam ser incluídas na dieta sem resistência, pois não interferem na quantidade de calorias diárias. A realização de exercícios em jejum será comentada mais adiante, no Capítulo 2.

O **suplemento esportivo** é um alimento adicional aplicado em situações em que a dieta balanceada não é suficiente para suprir as demandas de um atleta em treinamento ou quando o momento ou as necessidades do indivíduo não comportam o processo digestivo da alimentação normal. Reforçamos que a conduta nutricional ideal é, primeiramente, corrigir a dieta de base para uma alimentação balanceada para depois ajustar a distribuição e o horário dos nutrientes à rotina do atleta. Por fim, avalia-se seu estado nutricional e sua *performance* para optar ou não pelo uso de um suplemento.

No que diz respeito ao uso de suplemento esportivo, o ACSM, a instituição mais importante para a ciência da nutrição esportiva, aconselha que seja avaliada a relação custo-benefício que ele traz e esclarece que essa prática tem muito mais valor quando é associada a uma dieta balanceada. Além disso, a organização indica que nutricionistas e treinadores devem fazer uma análise cuidadosa das necessidades desses produtos, do interesse dos atletas em utilizá-los e da **evidência científica de sua efetividade** em contribuir com o planejamento nutricional e/ou auxiliar diretamente na *performance* (Thomas; Erdman; Burke, 2016).

No entanto, a realidade brasileira é bem menos cautelosa do que os cientistas do esporte gostariam. Estudos sobre a utilização de suplementos apontam para um consumo bem acima do esperado, a maioria por autoindicação ou por sugestão de treinadores, com frequência de uso elevada, de 31,7% em participantes de academia, conforme estudo de Moreira e Rodrigues (2014, p. 371);

de 36,7%, de acordo com Santos, Ribeiro e Liberali (2011, p. 310); e de 54% segundo Lopes et al. (2015, p. 455). Além disso, entre aqueles que utilizam suplementos, há tendência ao consumo de mais de um produto, principalmente entre os homens – muitos chegam a utilizar mais de quatro suplementos diferentes ao dia.

Em estudo realizado na cidade de São Luís, no Maranhão, os atletas apresentaram alguns comportamentos associados ao consumo de suplementos esportivos, como a percepção do próprio peso como ideal ou abaixo do ideal, o hábito de fumar, a prática de exercícios por ao menos sete meses, a realização de treinos por mais de duas horas por sessão e a sensação de treino moderado ou intenso (Lacerda et al., 2015). Entendemos, com base nesse estudo, que muitas pessoas acreditam que participar de um treinamento físico requer o uso de suplementos, quando, na verdade, geralmente não há necessidade disso, principalmente para aqueles que são jovens ou não são atletas ou não têm problemas no metabolismo.

Importante!

O uso exagerado de suplementos no ambiente esportivo pode ser considerado um transtorno alimentar gerado por um padrão social.

O Quadro 1.10, a seguir, expõe resumidamente os padrões alimentares mais comuns entre praticantes de exercícios e as ações recomendadas que podem ser aplicadas por professores de Educação Física, técnicos, nutricionistas e demais profissionais da área esportiva em direção à melhora do comportamento alimentar no ambiente esportivo.

Quadro 1.10 Padrões alimentares comuns entre praticantes de exercícios e estratégias sugeridas para melhorar o comportamento alimentar no ambiente esportivo

Padrão encontrado nos estudos	Estratégia sugerida
Abuso no uso de suplementos esportivos	Orientar alunos e atletas a utilizar suplementos somente sob a prescrição de nutricionista esportivo ou de médico do esporte.
Alto consumo de proteína e lipídios e baixo consumo de carboidratos	Esclarecer aos alunos e atletas que devem priorizar o consumo de carboidratos complexos e de frutas, com ingestão moderada de proteína e baixa de lipídios em geral, principalmente os ricos em ácidos graxos saturados.
Pouco conhecimento sobre nutrição, origem dos alimentos e fontes de nutrientes	Gerar um ambiente de informação, promovendo a educação nutricional por meio de cartazes, palestras, eventos de degustação ou mensagens com dicas em redes sociais, por exemplo.
Alta frequência de dietas da moda	Orientar os alunos a seguir as recomendações nutricionais sobre dieta saudável, consultando nutricionista esportivo, se houver dificuldade em colocar esses conhecimentos em prática, ou de acordo com certas condições específicas, como necessidade de redução de peso, vegetarianismo, aumento dos lipídios sanguíneos, alergia alimentar, entre outros. Recomendar aos atletas que consultem um nutricionista esportivo para adequarem suas dietas de acordo com as características pessoais, da modalidade, do treino e do calendário competitivo.

De acordo com Fortes e Ferreira (2013, p. 237), "atletas do sexo feminino com elevado GCPE[1] [...] apresentaram 143,3% de chances a mais para aderirem aos comportamentos alimentares inadequados em relação àquelas com baixo GCPE". Além disso, um estudo recente apontou que o tipo de treinamento e o

---

[1] Grau de comprometimento psicológico ao exercício.

tempo de prática de atividades de resistência (exercícios aeróbios) podem incidir na presença de algum transtorno do comportamento alimentar ao longo dos anos, principalmente entre as pessoas que não seguem um planejamento adequado de treino (Martinez-Rodriguez, 2015).

Dessa forma, alguns indícios de comportamentos alimentares de risco em praticantes de exercício precisam ser identificados, como:

- recusa por alimentos de alto teor calórico;
- grande descontentamento com a imagem corporal, com a própria aparência (mais frequente em mulheres);
- compulsão alimentar seguida de métodos para perda rápida de peso (mais frequente em homens);
- utilização de dietas restritivas autoimpostas;
- anorexia (recusa em comer) ou bulimia (indução ao vômito após comer);
- utilização de métodos para perda rápida de peso (mesmo sem compulsão alimentar);
- lesões recorrentes (sinal de desequilíbrio alimentar ou na intensidade do treinamento).

É importante que os técnicos e os treinadores sejam capazes de perceber comportamentos prejudiciais à saúde (Fortes; Ferreira, 2013), para que possam ser iniciados tratamentos nutricional e psicológico antes que as consequências dos distúrbios alimentares comecem a ficar evidentes.

O resultado de práticas alimentares de risco mais famoso é conhecido como **tríade da mulher atleta**. Esse problema é caracterizado pela presença de três fatores associados: anorexia esportiva, distúrbios menstruais e osteoporose, conforme mostra a Figura 1.3.

Figura 1.3 Problemas relacionados à tríade da mulher atleta

A anorexia esportiva se refere à recusa crônica em comer aliada ao aumento da quantidade de exercícios com o propósito de reduzir a massa corporal, ou seja, a atleta treina mais e com uma menor quantidade de substratos energéticos disponíveis. Manter essa restrição por muito tempo afeta o comportamento do sistema hormonal feminino, provocando alterações menstruais (dismenorreia) ou a suspensão da menstruação (amenorreia). Aliado a isso, não há cálcio, vitamina D ou energia suficientes na dieta para promover a renovação óssea submetida a constantes microtraumas pelos impactos dos exercícios. Instala-se, assim, um quadro de fragilidade óssea (osteopenia), que causa maior frequência de fraturas e progride para um estado de porosidade óssea severa (osteoporose).

A tríade da mulher atleta atinge mais as mulheres jovens que praticam esportes que exigem beleza estética. No entanto, homens também podem sofrer de quadros de anorexia esportiva ao tentarem manter indefinidamente baixos percentuais de gordura subcutânea e ela pode ser associada a distúrbios da imagem corporal, dentre outros transtornos do comportamento alimentar. É o caso de praticantes de musculação que não percebem o tamanho real de seu corpo e sempre querem obter músculos maiores, por vezes criando verdadeiras deformidades físicas (dismorfia muscular).

▮▮▮ *Síntese*

Para finalizar o assunto deste capítulo, preparamos um quadro que sintetiza os principais conteúdos abordados.

Quadro 1.11 Síntese do Capítulo 1

1	Os alimentos são compostos por carboidratos, proteínas, lipídios, vitaminas, minerais, fibras e água, e todos esses elementos se apresentam em quantidades diversas, ou seja, os alimentos podem ser mais ricos em um ou em outro nutriente. Dessa forma, nos grupos alimentares, eles são classificados de acordo com a semelhança em suas composições e nas funções desempenhadas por seus nutrientes.
2	A base da alimentação do atleta em qualquer nível de comprometimento com o esporte deverá ser balanceada. Esse tipo de dieta tem qualidades como variedade, moderação, salubridade e proporção. Temos, na dieta mediterrânea, por exemplo, grande parte das recomendações para uma alimentação saudável, como a simplicidade, a valorização da comida natural e do tempero caseiro, a participação da família e o protagonismo na preparação das refeições.
3	Dietas da moda não têm fundamento científico e produzem resultados rápidos por serem restritivas; por isso, são desequilibradas nutricionalmente, mas muito comuns no meio desportivo, além de representarem padrões alimentares ruins, caracterizados pelo baixo consumo de carboidratos e pela alta ingestão de proteína e lipídios, além do abuso de suplementação esportiva.
4	A alimentação pode interferir nos resultados esportivos, pois influencia na disponibilidade de energia, no tempo e no tamanho da fadiga dos atletas, além de poder modificar sua composição corporal e favorecer sua recuperação. A alimentação é fundamental no momento de recomendarmos uma dieta balanceada em esportistas.
5	Muitos fatores determinam as estratégias nutricionais para atletas, entre eles, a modalidade, a intensidade, a duração, a fase do treinamento, a composição corporal, o ambiente da prática esportiva, os efeitos do treinamento anterior e os fatores intrínsecos relacionados à digestão, à absorção e ao aproveitamento metabólico dos nutrientes.

Atividades de autoavaliação

1. Leia atentamente a passagem de texto a seguir:

   > Os grupos de alimentos devem ser distribuídos ao longo dia e os alimentos de um grupo não podem ser substituídos por alimentos de outros grupos, pois, todos são importantes e necessários, e nenhum grupo deve ser excluído ou inadequadamente substituído. (Philippi, 2013, citado por Gomes; Teixeira, 2016, p. 13)

   Levando em consideração o fragmento de texto e os conteúdos abordados neste capítulo sobre a necessidade de aplicar a variedade na escolha dos alimentos, assinale a alternativa que contém os grupos alimentares que correspondem às principais fontes de carboidratos:

   a) Carnes e ovos.
   b) Óleos e gorduras.
   c) Frutas e grãos.
   d) Frutas e hortaliças.
   e) Peixes e amido.

2. Acompanhe o fragmento de texto a seguir:

   > políticas públicas voltadas para o estímulo de mudanças comportamentais que visem a redução da adição de sal no preparo de alimentos e menor consumo de alimentos ultraprocessados, tendo como base o novo *Guia Alimentar para População Brasileira* desempenham papel fundamental para mudanças efetivas no padrão de consumo de sódio na população brasileira. (Souza et al., 2016, p. 4, grifo do original)

   Considerando o fragmento e os conteúdos deste capítulo sobre os princípios da alimentação saudável, indique a alternativa que apresenta as premissas desejáveis para uma alimentação saudável:

   a) Escolher os mesmos alimentos de cada grupo alimentar, sem experimentar outros.
   b) Preferir alimentos industrializados prontos para consumo, pois já estão equilibrados.

c) Excluir totalmente grupos alimentares da dieta, mesmo sem necessidade.
d) Respeitar a proporção recomendada de alimentos por grupo e variar as escolhas de fontes do mesmo grupo.
e) Consumir alimentos de acordo com prescrições generalizadas, indiferentemente à quantidade e à intensidade dos exercícios físicos praticados.

3. Leia atentamente o trecho a seguir:

> As pessoas não se alimentam, porém, apenas com base em suas escolhas individuais, mas essa decisão também reflete a questão familiar, econômica e social – daí o desafio: em meio à enxurrada de propagandas e informação que dissemina a cultura dos fast foods, enlatados, e alimentos industrializados e massificados, é importante resgatar, preservar e fomentar hábitos e práticas alimentares regionais.
> (Oliveira-Costa; Mendonça, 2016, p. 448)

De acordo com esse trecho e considerando os conteúdos deste capítulo sobre dietas da moda, marque a alternativa que traz a característica que torna essas dietas inadequadas:

a) Elas seguem evidências científicas sérias.
b) Elas produzem resultados rápidos com saúde.
c) Elas não realizam a reeducação nutricional.
d) Elas retiram das refeições grupos de alimentos sem função alguma.
e) Elas são práticas de serem realizadas e apresentam baixo custo.

4. Leia o seguinte trecho:

> Em competições de alto nível, nas quais o desenvolvimento técnico-tático dos atletas é bastante equivalente, a importância da preparação física adequada torna-se ainda mais evidente e pequenas alterações, em qualquer variável que influencie o desempenho, podem determinar o resultado final de uma luta ou competição. (Artioli e colaboradores, 2007, citados por Pereira et al., 2015, p. 565)

De acordo com esse trecho e com base nos conteúdos deste capítulo, aponte a alternativa que representa alguns dos principais pontos a serem considerados no planejamento da dieta de um atleta:

a) A modalidade, o nível do atleta e a quantidade de medalhas conquistadas.
b) O calendário de competições, a rotina do atleta e a fase de treinamento.
c) As condições ambientais do local de prova e as exigências nutricionais dos outros elementos da equipe técnica.
d) A composição corporal, os patrocinadores e a habilidade técnica do atleta.
e) Os efeitos do treinamento anterior, as preferências do treinador e a influência da mídia.

5. Considere o seguinte extrato de texto:

> Em geral, os resultados das pesquisas sobre avaliação do consumo alimentar são inferiores à verdadeira ingestão energética da maioria das pessoas, pois os indivíduos dizem ter comido menos do que realmente comeram ou comem menos do que o normal durante o período em que são avaliados. (Goston; Mendes, 2011, p. 16)

Relacionando essas informações aos conteúdos deste capítulo sobre consumo dietético por atletas, destaque a alternativa que representa padrões alimentares encontrados em praticantes de academia:

a) Alto consumo de carboidratos e líquidos.
b) Dieta balanceada e baixo consumo de gordura saturada.
c) Uso excessivo de suplementos e desconhecimento de fontes alimentares.
d) Baixo consumo de sal e ingestão de quantidade adequada de proteína.
e) Refeições de acordo com a pirâmide alimentar.

■ Atividades de aprendizagem

Questões para reflexão

1. Uma de suas alunas está seguindo uma dieta da moda chamada *dieta dos pontos*. Você não conhece as características desse tipo de alimentação, mas percebe que a atleta está perdendo peso de forma rápida, porém não está conseguindo acompanhar com intensidade suficiente os exercícios da sua série de treinamento. O que pode estar acontecendo? Que orientação você deve passar para sua aluna sobre dietas da moda?

2. Você percebe que seu novo aluno de musculação está tomando dois tipos de suplementos durante o treino, embora tenha começado a treinar neste mês e, por isso, ainda está na fase de condicionamento físico de base. Qual deve ser a sua conduta? O que você pode dizer a ele sobre o uso exagerado de suplementos esportivos?

Atividade aplicada: prática

1. Procure uma academia de musculação próxima e pesquise entre os alunos quem usa suplementos esportivos ou faz dietas restritivas. Compare seus resultados com as informações lidas neste capítulo. Reflita sobre os padrões alimentares dos praticantes de exercícios de sua região e verifique que tipo de informação está faltando para que seus entrevistados usem alimentos adequados para os exercícios.

Capítulo 2

Energia para praticantes de exercício

Por meio dos processos de digestão e de absorção de nutrientes, além da mobilização de determinados nutrientes durante o exercício físico, conforme aumenta a necessidade metabólica, os alimentos ingeridos se transformam em energia para o esforço. Os carboidratos, as proteínas e os lipídios, principais fornecedores de energia, sofrem reações diferentes ao serem digeridos e para serem absorvidos. Quando nos alimentamos, nosso organismo se ocupa em diminuir os macronutrientes dos alimentos nas menores unidades possíveis para que possam ser absorvidos, utilizados ou armazenados.

Neste capítulo, demonstraremos a relação entre gasto energético e consumo alimentar de forma a relembrar os sistemas de fornecimento de energia para o esforço e os fatores envolvidos no cálculo das necessidades calóricas. Ao término desta leitura, você, leitor, poderá perceber os comportamentos relacionados à manipulação da composição corporal de atletas e distinguir suplementos para aumentar a energia por superalimentação de estimulantes.

2.1 Fontes de energia para o exercício

A digestão dos carboidratos inicia-se na boca, pela ação das amilases salivares, até que eles sejam transformados em monossacarídeos (glicose, frutose ou galactose). Para que possam ser absorvidos pela luz do intestino para a corrente sanguínea, os monossacarídeos precisam de dois transportadores intestinais específicos para atravessar a parede intestinal: o SGLT-1 e o Glut-5, como mostra a Figura 2.1. O primeiro é especializado na absorção da glicose e da galactose, mas precisa de íons de sódio (Na^+) e de insulina para realizar essa ação. Já o Glut-5 não depende de outras substâncias, porém só transporta frutose.

Figura 2.1 Esquema didático sobre os transportadores intestinais de carboidratos

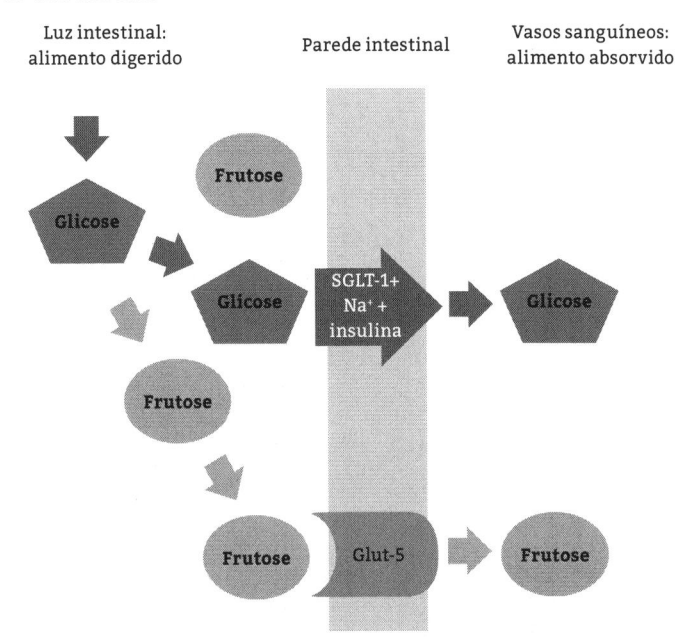

| Luz intestinal: alimento digerido | Parede intestinal | Vasos sanguíneos: alimento absorvido |

- Glicose → Glicose → SGLT-1 + Na⁺ + insulina → Glicose
- Frutose
- Frutose → Glut-5 → Frutose

Se tivermos muito mais carboidratos no intestino do que transportadores, o processo de absorção ficará saturado (cheio) e demorará mais para se completar. Essa informação é importante para compreendermos a composição de bebidas esportivas com carboidratos, por exemplo, pois a velocidade de absorção de monossacarídeos pode ser um fator desejável nesse tipo de suplemento.

As proteínas precisam ser reduzidas até suas unidades básicas, os aminoácidos, pela ação do ácido clorídrico no estômago – conforme representado na Figura 2.2 –, órgão que funciona mais como um tanque de ácido do que como um liquidificador. Portanto, o processo de transformação de proteínas em aminoácidos é lento e, por isso, elas não são recomendadas na refeição em pré-treino, visto que, há o risco de praticar exercícios com o estômago cheio, o que diminui o fluxo de sangue para a musculatura. No intestino delgado ocorre a absorção por meio da ação de vários carreadores (transportadores) que são específicos para um ou mais aminoácidos. Assim, ingerir quantidades enormes de aminoácidos em suplementos não garante que sua totalidade seja absorvida, pois haverá competição entre eles para usar o carreador específico. Nesse caso, muitos aminoácidos acabam se perdendo com a evacuação, nas fezes.

Figura 2.2 Esquema didático sobre a digestão de proteínas

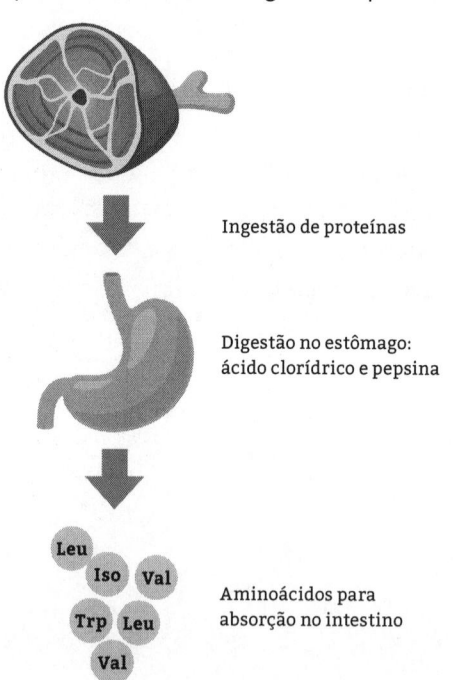

Ingestão de proteínas

Digestão no estômago: ácido clorídrico e pepsina

Aminoácidos para absorção no intestino

EgudinKa e Gurza/Shutterstock

Outro nutriente de digestão lenta é o lipídio. Sua digestão só se inicia no duodeno (intestino) por meio da ação das lipases pancreáticas. Como sua molécula é mais complexa, composta de um glicerol e três ácidos graxos, ocorre a separação desses elementos, sua conversão em triacilgliceróis e a associação deles com colesterol dietético e proteínas carreadoras, formando quilomícrons. A parte proteica desse composto é reconhecida pelos transportadores de membrana, que conseguem passar do intestino para os vasos linfáticos. Pela linfa, eles se difundem na corrente sanguínea até atingir os tecidos muscular e lipídico (gordura interna e subcutânea).

Quanto mais variada for a refeição, composta de carboidratos, proteínas e molhos com gordura (por exemplo, uma lasanha), mais demorada será a conclusão do processo digestório. Por esse motivo, para que os nutrientes estejam prontamente disponíveis para a produção de energia, as refeições próximas do momento da prática esportiva ou na sua recuperação física imediata precisam ser leves em quantidade e em composição. Após a digestão, os nutrientes permanecem em seus locais de função ou de reserva prontos para serem recrutados conforme as necessidades orgânicas.

Ao ser iniciado o exercício, a escolha dos nutrientes que fornecerão energia dependerá da característica metabólica do esforço, que pode ser anaeróbia (sem uso de oxigênio), aeróbia (utiliza oxigênio, ou seja, realiza oxidação de nutrientes) ou mista (intercala momentos de ação das duas anteriores). Os esportes coletivos e algumas modalidades individuais, como o *parkour* (Andrade Júnior et al., 2016), são exemplos de esforços mistos ou intermitentes. Os substratos para todos os sistemas de energia podem vir das reações químicas corporais de reaproveitamento das reservas energéticas armazenadas ou serem obtidos por meio de dieta programada para o momento oportuno.

Com relação aos substratos energéticos preferenciais para os sistemas metabólicos, apontamos os seguintes aspectos:

- **Sistema anaeróbio do fosfagênio**
  - Utiliza como substratos energéticos a adenosina trifosfato (ATP) e a fosfocreatina (PC) para refazer rapidamente a ATP.
  - Fornece energia rapidamente por até dez segundos.
  - Envolve substratos energéticos presentes nas células, ou seja, não é necessário que sejam transportados até o local em que são necessários, mas eles não conseguem ser armazenados em grandes quantidades e, por isso, duram pouco.
  - Possibilita que aconteça, enquanto ocorre a reposição, uma ressíntese de ATP e de PC ao longo do exercício, se houver utilização de outro sistema energético, como o aeróbio, mas essa reposição nunca será completa como o é após o repouso – por isso, falhará em algum momento.
- **Sistema anaeróbio glicolítico**
  - Metaboliza glicose sanguínea e glicogênio muscular para formação de ATP.
  - Fornece energia para exercícios de alta intensidade de 10 a 180 segundos.
  - Envolve substratos energéticos presentes nas células ou que chegam rapidamente até elas com o aumento do fluxo sanguíneo, mas seus estoques são limitados.
  - Possibilita a saturação do músculo com glicogênio pela manipulação dietética, embora a quantidade de glicogênio que o músculo consegue reter represente um limite que a alimentação não consegue ultrapassar.
  - Proporciona que o glicogênio muscular seja reposto parcialmente durante esforços prolongados, mediante a utilização de outras fontes de energia para manter o movimento, como os lipídios.

- **Sistema aeróbio oxidativo**
  - Consome oxigênio para extrair energia dos substratos.
  - Tem sua participação no fornecimento de energia elevada durante o esforço que se prolonga para além de dois minutos e é predominante após quatro minutos de esforços contínuos em baixa intensidade.
  - Utiliza como substratos os lipídios intramusculares e os triglicerídios do tecido adiposo, além de que pode dispor de aminoácidos dos tecidos magros.
  - Permite, devido à oxidação, que o fornecimento de energia seja mais versátil em relação aos substratos, mas requer alguns minutos para disponibilizar ATP para o esforço.

Mesmo que um sistema seja ativado imediatamente ou necessite de alguns minutos para mobilizar substratos durante o exercício, estes são utilizados quase simultaneamente e um predomina sobre o outro, dependendo do esforço. Quanto mais oxigênio estiver disponível para o músculo em trabalho, maior será a utilização de sistemas aeróbios para a produção de energia e menores serão os usos do fosfagênio e da glicólise anaeróbia.

Outros fatores também interferem na decisão do organismo por um ou por outro sistema de energia. Exercícios de **alta intensidade** requerem mais sistemas anaeróbios do que aeróbios, pois são caracterizados por velocidade, explosão e força e, por isso, normalmente precisam de mais carboidratos para sua realização. Se o esforço se mantiver por mais de dois minutos, haverá predomínio de sistemas aeróbios (que utilizam gordura), pois, a partir desse tempo, as reservas anaeróbias já terão sido depletadas e estarão em fase de regeneração.

Algumas modalidades esportivas são chamadas de *intermitentes* (como o futebol), pois aliam características de alta intensidade (chute e velocidade de contra-ataque) com momentos mais lentos (marcação e reposição de bola), além de ter uma **duração total elevada (90 minutos)**. Por esse motivo, nesse tipo de modalidade, há participação de sistemas anaeróbios e aeróbios com alternância de um predominando sobre o outro (com utilização tanto de carboidratos quanto de gorduras).

Em outro tipo de esforço prolongado, a participação de proteína é aumentada para manter a glicose sanguínea por meio de processos de gliconeogênese.

Importante!

Gliconeogênese é a formação de glicose com a utilização de outros substratos que não sejam carboidratos. Nesse caso, as proteínas são degradadas em aminoácidos glicogênicos no fígado (glutamina ou alanina) para a produção de moléculas de glicose.

O **tipo de treinamento** físico que o atleta realiza pode elevar ao máximo a utilização de um sistema energético, acarretando, por exemplo, a adaptação do sistema aeróbio para ser ativado imediatamente durante o esforço, poupando glicogênio para as etapas finais do exercício. Outras formas de **adaptação metabólica** fazem o organismo se tornar mais flexível para utilizar diferentes substratos energéticos durante o esforço ou para poupar substratos específicos (Thomas; Erdman; Burke, 2016), como:

- o aumento das moléculas transportadoras de nutrientes através das membranas;
- o aumento das enzimas que ativam ou regulam as vias metabólicas;
- a melhora da tolerância a produtos colaterais do metabolismo (por exemplo: o ácido lático);
- o aumento do tamanho das reservas musculares de energia.

Da mesma forma, com o aumento do **nível de condicionamento físico** em geral, o organismo desenvolve uma forma de economizar substratos energéticos a fim de manter o esforço por mais tempo. É por esse motivo que pessoas sedentárias queimam mais energia ao iniciarem um programa de exercícios do que pessoas treinadas realizando o mesmo treinamento.

Para a nutrição esportiva, o fator de maior relevância na utilização dos sistemas de energia se refere à **disponibilidade de substratos**. Atletas com bom armazenamento de glicogênio muscular podem participar de cargas de exercícios de alta intensidade mais do que aqueles com reservas depletadas. Nesse aspecto, reside o papel da alimentação, fornecendo nutrientes para a recuperação após o treinamento e para o preenchimento dos estoques musculares de energia antes da próxima sessão de exercícios.

Atletas com dietas desequilibradas ou que não recebem nutrientes durante os esforços de alta intensidade ou prolongados acabam utilizando mais a oxidação das reservas de lipídios e, em último caso, oxidam os aminoácidos dos músculos, do sangue, do fígado e dos intestinos. Como consequência, ocorre, principalmente, perda de massa magra, maior estresse oxidativo e aumento do tempo de recuperação necessário antes do próximo treino. Assim, mesmo em programas de emagrecimento, é preciso dosar os nutrientes e o exercício para que ambos funcionem sinergicamente a fim de proporcionar maior queima de gordura e preservar massa magra. Podemos observar a ansiedade por perder peso em pessoas que realizam exercícios em jejum, situação corriqueira entre os praticantes de exercícios pela manhã e em atletas que se submetem a atividades com esse propósito (comentaremos sobre esse recurso na Seção 2.3).

O costume de não realizar o desjejum (tomar café da manhã) pode levar a uma redução de 4,5% na *performance* esportiva ao longo do dia, mesmo após o consumo do almoço (Clayton et al., 2015). Essa situação poderá ser ampliada se o jejum for intermitente e prolongado, como no caso dos atletas mulçumanos durante o ramadã – celebração anual cuja característica mais relevante para o exercício é que o consumo de alimentos e de bebidas é proibido entre a alvorada e o pôr do Sol. A duração do estado de jejum diário pode chegar a 18 horas durante o verão ou em regiões de clima temperado (Aloui et al., 2015). O maior impacto do ramadã na *performance* ocorre em esportes coletivos e em competições de *endurance* prolongada (que envolvem maratonistas, ultramaratonistas e triatletas), nas quais há grande demanda por fluidos e carboidratos, mesmo sem a condição do jejum (Shephard, 2012).

A prática de exercícios em jejum já foi considerada um fantasma a ser combatido de todas as maneiras. Atualmente, o American College of Sports Medicine (ACSM) considera utilizar o jejum em alguns casos para provocar uma adaptação metabólica favorável ao uso de outros substratos energéticos diferentes do glicogênio (Thomas; Erdman; Burke, 2016), ou seja, o atleta é treinado para poupar glicogênio durante o esforço, economizando suas reservas para momentos mais críticos do exercício. Essa estratégia não é recomendada para aqueles que estão fora do alto nível de desempenho, pois outras adaptações precisam ser feitas para que os atletas se beneficiem de tais mudanças metabólicas e não se prejudiquem por treinar com ausência de substratos energéticos. Lembramos, com essa informação, que a nutrição esportiva é uma ciência em constante evolução. Estratégias como a que acabamos de mencionar são possíveis somente graças à evolução desse ramo científico, por isso os profissionais dessa área precisam estar se atualizando constantemente.

Imaginemos um atleta que participa de um torneio com várias baterias ou com vários jogos no mesmo dia. À medida que a competição avança, mais importantes se tornam as disputas, mas menos tempo há para uma grande refeição e, por isso, as reservas de glicogênio do competidor estão mais esgotadas.

A solução para tentar manter a *performance* advém do segundo fator de relevância nutricional associada à escolha do substrato energético: a **ingestão de nutrientes** nos momentos próximos ao exercício. Por um mecanismo não totalmente esclarecido, o corpo humano para de recrutar as próprias reservas energéticas e passa a extrair energia dos nutrientes que acabaram de ser ingeridos e, assim, poupa glicogênio. O momento para ingerir alimentos durante uma competição representa uma das principais estratégias dos nutricionistas esportivos, pois essa estratégia pode ser capaz de habilitar o atleta a correr um pouco mais rápido ou a aguentar o esforço por um pouco mais de tempo, talvez o suficiente para atingir uma classificação ou, até mesmo, uma vitória.

2.2 Demanda calórica e intensidade do esforço

Perguntas & respostas

1. **Quantas calorias um atleta deve ingerir para ter substratos energéticos suficientes para exercer sua modalidade esportiva?**

   Adultos saudáveis, de ambos os sexos, que praticam atividade física leve ou moderada, devem consumir em torno de 2 000 a 3 000 calorias por dia (Hernandez; Nahas, 2009). Modalidades de longa duração e de grande intensidade, por sua vez, chegam a exigir, em dias de treino ou de competição, quantidades muito superiores de energia: 5 000 kcal (triatlo), 6 500 a 9 000 kcal (tour de France – prova de ciclismo), 8 600 a 13 770 kcal (ultramaratona), por exemplo (Katch; McArdle, 1996).

Conforme o comprometimento com o exercício físico vai aumentando (mais dias na semana, mais tempo por sessão, mais participação em competições), os valores energéticos poderão ser maiores, considerando-se a demanda da modalidade e a intensidade do esforço a ser realizado. Por exemplo, pessoas que praticam corridas de rua (10 km ou 21 km) e treinam de três a quatro vezes por semana em sessões de até 90 minutos terão um gasto energético na modalidade menor do que atletas profissionais, que chegam a treinar mais vezes por semana, em velocidades superiores e em distâncias maiores, mesmo que sejam da mesma modalidade (corrida de fundo). Quem pratica musculação para hipertrofia todos os dias da semana, de 40 a 60 minutos por sessão, não terá a mesma necessidade de calorias de quem usa a musculação somente para condicionamento físico. Essas diferenças no objetivo do exercício e no envolvimento do indivíduo com sua prática são determinantes para o cálculo do **valor calórico total** (**VCT**) da dieta, além de outros fatores.

Em indivíduos que não precisam modificar sua massa corporal, o VCT deve ser igual ao **gasto energético total** (**GET**), produzindo o efeito de balanço energético neutro (veremos mais sobre isto na Seção 2.3). Para uma previsão do GET, em termos gerais, utilizamos uma equação que considera a soma da **taxa de metabolismo basal** (**TMB**), do **efeito térmico dos alimentos** (**ETA**) e do **efeito térmico do exercício** (**ETE**) (Thomas; Erdman; Burke, 2016, p. 504):

$$GET = TMB + ETA + ETE$$

Podemos estimar a TMB usando a **calorimetria** (método para quantificar a energia em forma de calor dissipado pelo organismo) ou equações como as de Harris-Benedict, criadas em 1918, que calculam a taxa – em quilocalorias por dia (kcal/dia) – levando em conta diferentes características – como peso, dado em quilograma (kg); estatura, dada em centímetros (cm); e idade, dada em anos – para homens e mulheres:

Homens: TMB = 66,5 + (13,7 × peso) + (5 × estatura) − (6,8 × idade)
Mulheres: TMB = 655 + (9,6 × peso) + (1,7 × estatura) − (4,7 × idade)

A TMB corresponde ao gasto energético mínimo necessário para sustentar a vida, diferentemente da **taxa metabólica de repouso (TMR)**, que se refere à soma da TMB com a energia utilizada para ligeiras contrações musculares (por exemplo: piscar os olhos ou engolir). O corpo em condições de repouso (deitado por 30 minutos e em jejum de quatro horas) tem um gasto energético 10% maior do que o necessário para manter a vida (TMB). O fator atividade física (energia gasta em exercícios e em atividades da vida diária) pode influenciar na TMR. Por exemplo, em sedentários, a TMR representa de 60% a 80% do GET, mas, em atletas de resistência de elite, ela pode ser de 38% a 47% do GET (Thomas; Erdman; Burke, 2016, p. 504).

O **efeito térmico do alimento** (ETA) é "a fração do gasto energético que contribui para os processos de digestão, absorção e metabolismo do alimento ou o aumento do metabolismo que é estimulado ao se alimentar" (Mahan; Escott-Stump, 2002, p. 17) e varia de acordo com a composição da dieta. As proteínas, que apresentam uma digestão mais lenta, fornecem um ETA maior do que os carboidratos. Em pessoas ativas, o ETA de uma dieta rica em proteína (hiperproteica) chega a ser 30,39% maior do que uma com quantidade normal de proteína (normoproteica) (Binns; Gray; Di Brezzo, 2015, p. 206).

Alimentos que provocam um aumento na TMR são chamados *alimentos termogênicos*. É possível incrementar a dieta com um ou com outro item desse tipo, mas sua eficiência e a quantidade extra de calor gerado em sua digestão ainda carecem de estudos. Porém, os termogênicos não prejudicam a saúde quando são ingeridos em quantidades adequadas: café, chás, especiarias e ervas, incluindo alecrim, pimentão, aipo, hortelã, soja, pimenta, brócolis, chá verde, canela e gengibre.

> **Importante!**
>
> Os alimentos termogênicos contribuem para oxidar lipídios, ou seja, promovem redução da gordura corporal. Porém, não há estudos sobre a quantidade de elementos ativos (fitoquímicos) desses alimentos que precisa ser ingerida para que se tenha uma redução significativa de gorduras pelo aumento do ETA. Então, utilizar em excesso algum desses itens com a finalidade de melhorar o índice de massa corporal pode ser inútil, além de que alguns deles, em grandes quantidades, tornam-se agressivos ou irritantes para a mucosa do aparelho digestivo, como o café, a pimenta e o gengibre.

O ETA pode influenciar o **efeito térmico do exercício** (ETE). Há aumento do ETE em dietas hiperproteicas (alto ETA) em comparação com as normoproteicas e os jejuns (Binns; Gray; Di Brezzo, 2015). Além disso, pesquisas já apontaram a existência e relação entre o momento do consumo de alimentos para a prática do exercício físico e o ETE. No estudo de Chowdhury et al. (2016), os autores observaram que o fato de consumir café da manhã pode aumentar a termogênese da atividade física (ETE) durante a manhã e melhorar a sensibilidade à insulina. Assim, percebemos que há intensa relação entre os alimentos consumidos e o efeito produzido pelo exercício na determinação do GET.

Para o cálculo total do ETE, incluímos o gasto planejado com o exercício, a atividade física espontânea e a termogênese das atividades da vida diária. Esse valor pode ser muito elevado. Por exemplo, em atletas de alto nível, o ETE pode chegar a 50% do GET (Thomas; Erdman; Burke, 2016). O gasto energético do exercício pode ser calculado com base no consumo de oxigênio, ou seja, por equivalentes de atividade ou **equivalentes metabólicos** (*metabolic equivalent* – **MET**). Em geral, as tabelas que informam o gasto energético das atividades físicas e das modalidades esportivas são expressas em MET – como as do *Compêndio de atividades físicas* proposto por Ainsworth et al., citado por Farinatti (2003) –, mas também podem ser encontradas tabelas em calorias (kcal) em livros clássicos como *Nutrição, exercício e saúde* (Katch; McArdle, 1996).

No Quadro 2.1, apresentamos os fatores que aumentam ou diminuem as necessidades de energia durante o exercício.

Quadro 2.1 Fatores que aumentam ou diminuem as necessidades de energia durante o exercício em relação ao esperado

Aumentam	Diminuem
- Exposição ao calor ou ao frio. - Medo. - Estresse. - Exposição à altitude. - Lesões. - Medicamentos e drogas (cafeína e nicotina). - Aumento da massa magra. - Fase lútea do ciclo menstrual.	- Redução do treinamento. - Envelhecimento. - Redução da massa magra. - Fase folicular do ciclo menstrual.

Fonte: Elaborado com base em Thomas; Erdman; Burke, 2016, p. 504.

Em termos de nutrição esportiva mais especializada, pessoas envolvidas em competições geralmente são orientadas por seus treinadores a seguir um modelo de treinamento que deve ser considerado na elaboração do VCT da dieta. Por exemplo, um atleta que está sendo treinado de acordo com o modelo proposto por Bompa (2002) deve passar por períodos de preparação física geral, preparação física específica e competição, que incluem o aperfeiçoamento das capacidades biomotoras próprias.

> Na primeira fase, deve prevalecer um volume alto de treinamento com intensidade moderada. A intensidade vai aumentando de acordo com as necessidades do desporto. Em alguns casos, a característica dinâmica da carga do desporto eleito requer que a intensidade seja elevada desde o início do treinamento. A duração dessas fases depende das necessidades de cada desporto e do calendário de competição. (Bompa, 2002, p. 59)

Como cada etapa tem um objetivo, um volume de exercício e uma demanda energética diferente, toda vez que há mudança de fase do treinamento, um novo VCT deve ser calculado.

Outro conceito recente relacionado à energia para o esporte é a **disponibilidade de energia (DE)**. A DE (medida em kcal/kg de massa livre de gordura por dia) valoriza a ingestão de energia (VCT) normalizada para a quantidade de **massa livre de gordura (MLG)** do atleta:

$$DE = VCT - ETE$$

A prioridade é manter um valor de DE superior a 30 kcal/kg de MLG por dia para evitar prejuízo das funções corporais, como aconteceria em casos de baixa oferta de energia para as necessidades energéticas do treinamento (Thomas; Erdman; Burke, 2016, p. 504). Uma baixa DE é distinta do balanço energético negativo, pois pode ocorrer quando o peso corporal alcança a estabilidade (não há alteração na massa corporal) em uma quantidade de energia insuficiente para manter a saúde.

Outro conceito moderno é o da **deficiência energética relativa no esporte (DER-S)**, descrita pelo conjunto de complicações fisiológicas observadas em atletas que consomem por longo período quantidades de energia insuficientes para manter a saúde e a *performance* (baixa DE crônica). Como consequência dos padrões alimentares que analisamos no Capítulo 1, há um grupo de respostas funcionais que resultam na redução do desempenho e no aumento do risco de lesões (redução da coordenação, da concentração e da capacidade de julgamento, bem como aumento da irritabilidade e tendência à depressão).

Por fim, devemos mencionar que muitas pessoas saem dos treinos com a sensação de que são capazes de comer uma quantidade enorme de alimentos, principalmente depois de atividades aquáticas. Outras experimentam um total desinteresse por comida após exercícios muito intensos.

Perguntas & respostas

1. **O exercício pode aumentar o consumo de alimentos?**
   A relação do exercício com o desejo de comer é desencadeada pela ação dos hormônios reguladores do apetite. Porém, pesquisas que avaliaram a participação do exercício no apetite e na saciedade apresentaram dados controversos. Em outras palavras, provavelmente, muitas das variáveis que influenciaram os resultados ainda não estão totalmente esclarecidas.

Vemos que, em alguns estudos, os hormônios intestinais relacionados ao aumento do apetite apresentaram um pico imediatamente após o exercício que durou por um período de 30 a 60 minutos (Ueda et al., 2009, p. 360; Larson-Meyer et al., 2012, p. 8). Outra pesquisa, mais recente, revelou que a supressão do apetite surge durante uma janela de tempo específica (de 30 a 40 minutos após o exercício), quando o corpo está mais metabolicamente disponível para processos anabólicos, se houver combustível e nutrientes para facilitar a recuperação (Howe et al., 2016, p. 10).

Em outro estudo, por sua vez, observou-se que o comportamento do apetite em relação à fome e ao desejo por doces não se alterou significativamente com 30 minutos de exercício aeróbio (Alizadeh et al., 2015, p. 6).

Perguntas & respostas

1. **Como podemos melhorar a alimentação em pós-treino, fornecendo os nutrientes na quantidade ideal para a regeneração do organismo?**
   A melhor conduta, por enquanto, é observar os efeitos individuais do treinamento nas pessoas, cuidando para administrar

os nutrientes para recuperação imediata após o esforço em equilíbrio com o tipo de balanço energético que se deseja proporcionar: ganho, manutenção ou perda de massa corporal.

2.3 Balanço energético e perda rápida de peso

O **balanço energético** é o resultado da diferença entre a energia consumida com os alimentos (valor calórico total – VCT) e a energia gasta com as ocupações diárias (gasto energético total – GET). Podemos aplicar o conceito de balanço energético ao processo de manipulação da composição corporal ao longo das fases de treinamento de um atleta.

O peso real do atleta deverá estar sempre próximo do peso de competição, para evitar uma perda muito drástica no início da fase pré-competitiva, quando, na realidade, o sujeito ainda está treinando muito próximo do seu máximo. Também deve-se evitar situações nas quais ele aumente excessivamente a gordura corporal em caso de lesões ou de temporada *off* (período de transição ou de descanso, sem competições ou treinos), ou seja, não há um estado único que o atleta deve atingir e no qual ele precisa se manter – há uma variação de valores de peso corporal a serem atingidos de acordo com a modalidade e o momento esportivo pelo qual ele passa (Thomas; Erdman; Burke, 2016).

Em outras palavras, o **balanço energético neutro** ou **equilíbrio de energia** (quando **VCT = GET**) "pode ser definido como a resultante zero entre a ingestão de alimentos, bebidas e suplementos, e seu consumo, pelo metabolismo basal, efeito térmico do alimento e a atividade física voluntária" (Hernandez; Nahas, 2009, p. 4). Nessa situação, não ocorre alteração na massa corporal total, como vemos na Figura 2.3, a seguir.

Figura 2.3 Balanço energético neutro

Balanço energético neutro

Manutenção do peso corporal

tatianasun e KoQ Creative/Shutterstock

Indivíduos que precisam ganhar massa corporal devem procurar manter o **balanço energético positivo** até atingir sua meta de peso. O balanço energético positivo é caracterizado pelo maior consumo de energia em relação ao gasto (VCT > GET), conforme mostra a Figura 2.4. Como exemplo, podemos citar os atletas de força e potência durante a fase de desenvolvimento da hipertrofia muscular, os corredores de fundo durante a fase regenerativa, os lutadores, os zagueiros de rúgbi e os arremessadores de peso. Todos eles competem em esportes nos quais a corpulência (corpo fisicamente desenvolvido) é desejável.

Figura 2.4 Balanço energético positivo

Balanço energético positivo

Ganho de peso corporal

tatianasun e KoQ Creative/Shutterstock

    Já o **balanço energético negativo** ocorre quando o indivíduo consome menos calorias do que gasta (VCT < GET), como vemos na Figura 2.5, o que pode gerar perda de massa muscular, maior incidência de lesões, disfunções hormonais, osteopenia ou osteoporose e maior frequência de infecções (Hernandez; Nahas, 2009). O atleta deve evitar tentar atingir metas irreais de peso ou de gordura corporal, pois, para isso, poderá acabar aderindo a estratégias extremas de controle de peso e, como consequência, estará vulnerável a experimentar longos períodos de baixa DE ou baixa DE em momentos de alto treinamento (Thomas; Erdman; Burke, 2016). Uma situação similar, encontrada em praticantes de exercícios que não são atletas, é tentar atingir uma forma física ou um percentual de gordura corporal incompatível com sua fase de vida, porque já atingiu esse objetivo em fases anteriores ou quando era mais jovem.

Figura 2.5 Balanço energético negativo

Perda de peso corporal

Para evitar os efeitos negativos da baixa DE no esporte, se houver necessidade de ajustes na composição corporal, deve-se calcular um ritmo de perda de peso que não exceda 1 kg por semana (Mahan; Escott-Stump, 2002), mediante o ajuste das escolhas alimentares e do momento das refeições em relação ao exercício. Além disso, é melhor que a perda de peso, quando for necessária, ocorra na fase básica do treinamento ou fora do período de competição, para minimizar a redução na *performance* do esportista (Thomas; Erdman; Burke, 2016). Isso pode ser necessário no ajuste de massa corporal de atletas de esportes coletivos que precisam de maior agilidade – por exemplo, atletas acrobáticos (saltos ornamentais, ginástica, dança), que se beneficiam de corpos leves – e de modalidades estéticas como o fisiculturismo (*bodybuilding*), em que o percentual de gordura subcutânea determina o desempenho.

O extremo do balanço energético negativo ocorre quando o indivíduo se submete a uma **perda rápida de peso**, que é a redução da massa corporal em um ritmo maior do que 1 kg por semana. Essa prática pode ser observada em diferentes situações nas quais há descontrole da composição corporal do atleta durante todo o ciclo de treinamento, em situações de transtorno do comportamento alimentar ou quando o esportista prefere competir em uma categoria de peso inferior à sua, reduzindo seu peso abaixo do ideal propositadamente até o momento da pesagem.

Por exemplo, atletas de artes marciais mistas (*Mixed Martial Arts* – MMA) chegam a perder "9 ± 2% da massa corporal na semana antes da competição e mais 5 ± 2% nas 24 horas que antecedem a pesagem" (Crighton; Close; Morton, 2016, p. 446, tradução nossa). Porém, a perda rápida de peso em atletas pode levar à **hipohidratação**, bem como à perda dos estoques de glicogênio e de massa magra (Thomas; Erdman; Burke, 2016).

A hipohidratação é altamente prevalente entre atletas de esportes de combate na pesagem e não é totalmente revertida no período entre 13 e 18 h entre a pesagem e a competição (Pallarés et al., 2016). Acontece que não há tempo suficiente entre a pesagem e o início da competição para que o atleta reponha os fluidos e o glicogênio de forma adequada, visto que os métodos utilizados para reduzir rapidamente o peso são extenuantes ao organismo: treinamento em baixa DE (essencialmente em jejum ou com baixíssimo carboidrato), uso de laxantes, desidratação por saunas, uso de diuréticos, uso de substâncias que induzem o suor ou bloqueiam os poros, sobrecarga de água, entre outros (Crighton; Close; Morton, 2016).

O método da sobrecarga de água propõe ao atleta consumir de 20 a 23 litros de água com baixo consumo de sódio durante apenas três dias, na crença de induzir o organismo a produzir um volume maior de urina. Mesmo com o alto consumo de fluidos, ocorre um efeito oposto ao da hidratação, pois a falta de sódio e de carboidratos não promove a retenção do líquido no organismo.

2.4 Hipercalóricos, *bulking* e *cutting*

Acabamos de verificar que o balanço energético pode ser manipulado de acordo com o estágio do treinamento, com momentos de alta ingestão de alimentos e outros de progressiva restrição, para uma perda de peso dentro dos limites da saúde e com menor impacto no rendimento esportivo.

Existem dois termos em inglês utilizados para caracterizar esses períodos, sem tradução específica para o português ou que são usualmente utilizados na língua original. Quando o atleta está na fase de ganho de massa corporal, em que se faz o aumento controlado do valor energético, é utilizado o termo **bulking**. Na sequência, ele passa para a fase de redução calórica, com o objetivo de aumentar a definição muscular, que é denominada **cutting**. Esses termos são comuns na área do fisiculturismo, portanto, utilizá-los na língua original permite reconhecê-los mais rapidamente ao ouvi-los.

O termo *bulking* pode ser traduzido como "encorpar". Caracteriza-se por uma superalimentação, mas não de qualquer tipo de alimento. Não se trata de *bulking* se o indivíduo ingere *fast-food* ou outros itens com baixo valor nutricional e alto valor calórico só porque precisa de energia extra. Atletas nessa fase não economizam calorias, mas as escolhem bem, mantendo uma dieta balanceada e saudável com mais alimentos do que o usual.

O *bulking* coincide com a fase preparatória específica, em que o atleta está próximo do seu máximo de desempenho e o treinamento é intenso. O objetivo é promover o máximo de recursos para a construção muscular, o armazenamento de glicogênio e a recuperação fisiológica para que, quando o atleta avançar à fase pré-competitiva, ocorra menor perda de massa magra. Ao longo do dia, para complementar o VCT planejado, o esportista pode ingerir quantidades extras de alimentos saudáveis, porções maiores ou incluir suplementos esportivos energéticos chamados *hipercalóricos*.

O **hipercalórico** é um suplemento cuja composição se pretende proporcionalmente equilibrada para atletas e compreende de 50% a 70% de carboidratos, de 13% a 20% de proteínas e até 30% de lipídios, além de fornecer, no mínimo, 300 kcal por porção (Brasil, 2010), como mostra a Tabela 2.1. Sua função, como já dissemos, é contribuir para a alimentação do indivíduo, e não substituir refeições. Nessa fase, a quantidade de suplementação a ser acrescida em relação ao VCT ideal irá variar de acordo com o metabolismo do atleta, mas sempre cuidando para não exceder o balanço energético positivo a ponto de acumular mais gordura corporal do que será possível eliminar na próxima fase, aumentando o risco de o esportista recorrer a métodos para perda rápida de peso.

Tabela 2.1 Características de suplementos hipercalóricos

Energia por porção	No mínimo 300 kcal
Teor de carboidratos	De 50% a 70%
Teor de proteínas	De 13% a 20%
Teor de lipídios	Até 30%

Fonte: Elaborado com base em Brasil, 2010.

A fase pré-competitiva é o momento em que a intensidade das sessões e dos exercícios é menor, ou seja, o atleta guarda recursos para a competição. Porém, também representa o momento de ajustar a massa corporal para a categoria desejada ou de reduzir ao máximo a gordura corporal subcutânea: é a fase de *cutting*, termo que significa "cortar", mas que também pode ser interpretado como "lapidar" ou "definir a musculatura". Podemos ouvir um atleta dizer que quer ficar todo "cortado" em virtude desse termo.

Atletas nessa fase reduzem drasticamente seu consumo energético, promovendo uma baixa DE. Como resultado, há aumento do uso das reservas adiposas. Exercícios aeróbios leves e moderados são incluídos no programa de treinamento para promover a oxidação dos lipídios, além de se fazer uma seleção dos alimentos da dieta com maior teor de elementos antioxidantes – no Capítulo 5, citaremos alguns antioxidantes dietéticos.

Quando bem planejado, o *cutting* não provoca fome ou desconforto durante o exercício. No entanto, é esperado que haja alguma redução controlada da massa magra. Por isso, essa fase deve ocorrer logo após o *bulking*. Algumas pessoas têm como objetivo manter o percentual de gordura o mais baixo possível indefinidamente. Limites muito baixos, possíveis de serem atingidos por meio do *cutting* (de 3% e 8% em homens e mulheres, respectivamente), não devem ser buscados como meta por longos períodos de tempo, visto que é necessário manter um perfil de gordura corporal compatível com a saúde.

Fisiculturistas que atingem baixos percentuais de gordura em períodos de competição logo retornam para níveis saudáveis no *off-season* ("fora de temporada" ou fase de regeneração). Assim, o que podemos fazer em relação a alguém que deseja obter definição muscular máxima, além de conscientizá-lo sobre a maneira mais saudável de conseguir seu objetivo, é definir um momento do ano em que ele usufruirá dessa forma física (no verão ou em um evento específico, por exemplo). Precisamos ser realistas e, sobretudo, responsáveis.

Não é difícil encontrarmos praticantes de exercícios físicos, em especial de musculação, que exageram na combinação das fases *bulking* e *cutting*, realizando-as repetidas vezes ao ano. À exceção do esporte de alto nível, em que alguns atletas escolhem competir em vários eventos durante uma temporada, insistir na redução exagerada da gordura subcutânea sem o correto planejamento pode levar a um maior risco de lesões, ao aumento do estresse oxidativo e a desequilíbrios hormonais e nutricionais.

Além da manipulação do peso corporal por meio da densidade energética das dietas, outras formas de aumentar a predisposição ao exercício envolvem substâncias que não fornecem calorias, mas que estão relacionadas aos processos metabólicos de produção de energia ou que atuam sobre o sistema nervoso central. Entre os elementos não calóricos que interferem na produção de ATP, destacamos a creatina.

2.5 Creatina e estimulantes

As calorias de carboidratos, lipídios e proteínas não são as únicas substâncias relacionadas ao aumento de energia para a prática de exercícios. Uma das primeiras fontes de ATP para o esforço de alta intensidade se encontra nos músculos, em estoques variados de creatina fosfato (sistema do fosfagênio). A **creatina fosfato** e a **creatina total** dos músculos participam da ressíntese de ATP. Por esse motivo, muitos estudiosos tentaram aumentar o conteúdo de creatina dos músculos, visando à melhora na capacidade anaeróbia, à maior potência muscular e ao aumento da *performance* de *sprints* (corridas de velocidade). Assim, verificou-se que, além dos benefícios no desempenho, a creatina melhora a massa corporal magra e o diâmetro muscular, ao permitir que o atleta treine com maior intensidade, favorecendo a hipertrofia.

A creatina é um componente não proteico nitrogenado, ou seja, não é uma proteína, mas é composta de nitrogênio como essa substância. Na natureza, encontra-se disponível nas carnes e nos peixes. Dentro do organismo, ela "É sintetizada de maneira endógena no fígado, pâncreas e rins, a partir de alguns aminoácidos (glicina, arginina, metionina)" (Costallat et al., 2007, p. 23). Para pessoas que não consomem produtos animais, como os vegetarianos, ou que apresentam baixa ingestão geral de alimentos, como idosos, a creatina é um suplemento que pode ser recomendado, caso haja participação em esportes de alta intensidade e curta duração (Hernandez; Nahas, 2009). Em outros casos, como suplementos, sua utilização não é recomendada de acordo com os posicionamentos da Sociedade Brasileira de Medicina do Exercício e do Esporte (Hernandez; Nahas, 2009) e do American College of

Science Medicine (Thomas; Erdman; Burke, 2016), sendo indicada por essas instituições somente para atletas de alto nível (os cientistas são sempre mais reservados quanto à liberação de suplementos – mesmo quando não há efeitos colaterais comprovados –, evitando o uso desnecessário destes).

Suplementos de creatina são estudados em diferentes formas: creatina pura, creatina liofilizada, creatina fosfato e creatina com glutamina, entre outras. Porém, todas parecem ter os mesmos efeitos da **creatina monoidratada**, sem vantagens adicionais comprovadas (Buford et al., 2007).

A Agência Nacional de Vigilância Sanitária (Anvisa) é o órgão do governo que, dentre outras funções, fiscaliza quais suplementos esportivos podem ser comercializados no Brasil. Seus técnicos avaliam a efetividade e a segurança de tais substâncias para consumo. No caso da creatina, a Anvisa somente libera a sua comercialização na forma monoidratada, com 99,9% de pureza, com ou sem carboidratos adicionados, além de que cada porção deve conter entre 1,5 a 3 gramas de creatina (Brasil, 2010).

O efeito do uso da creatina depende do tamanho da depleção da creatina muscular, do tipo de protocolo de suplementação aplicado e do tipo de treinamento praticado. Pessoas com aporte de creatina muscular reduzido pelo baixo consumo de carnes e peixes apresentarão um efeito maior da suplementação do que aqueles que já revelam bons níveis dessa substância em suas reservas musculares. De acordo com o protocolo escolhido para usar o suplemento, pode-se ganhar de 1 a 2 kg de massa corporal já na primeira semana e aumentar de 10% a 40% as reservas de creatina no músculo (Buford et al., 2007, p. 3).

Esse ganho ocorre no **protocolo de saturação**, que abrange 5 a 7 dias de alto consumo diário (cerca de 20 gramas de suplemento ao dia), correspondendo a uma fase de saturação ou de carga. Na sequência, inicia-se a fase de manutenção, com a administração de 3 a 5 gramas ao dia, por tempo indeterminado – não há um padrão, mas é recomendável passar de 4 a 6 semanas sem utilizar o suplemento para estimular os mecanismos naturais a se ajustarem às quantidades endógenas, fabricadas pelo corpo, de creatina. Nesse protocolo, as quantidades de creatina ou o tempo de duração das fases poderão ser diferentes se houver consumo conjunto de outros suplementos, como carboidratos e proteínas.

O segundo protocolo é o **cíclico**, que envolve uma dose menor (de 3 a 5 gramas ao dia) por tempo mais prolongado (28 dias), seguido de uma fase sem creatina (fase *off* ou *washout* – "fase de limpeza") por 4 a 6 semanas. Protocolos como esse, sem a fase de saturação, demoram mais tempo para apresentar os efeitos ergogênicos esperados (Buford et al., 2007).

O treinamento realizado tem influência nos resultados de toda a suplementação. Não são os nutrientes que construirão um corpo mais forte, mais rápido ou mais resistente, mas a combinação entre esforço e disponibilidade de energia e nutrientes. Se o treino de um atleta não for adequado à hipertrofia, por exemplo, não basta pensar que a creatina lhe fornecerá músculos maiores. Assim, exercícios para hipertrofia, velocidade, força pura e outras valências que se utilizam do sistema dos fosfagênios obterão mais energia e potência da creatina, ao passo que exercícios prolongados de elevada intensidade, como esportes intermitentes ou o *mountain bike*, por exemplo, podem se beneficiar com o efeito anticatabólico desse suplemento (Molina; Rocco; Fontana, 2009). Isso significa que a creatina não só ajuda a construir músculos como também tem potencial para evitar que eles se degradem durante o esforço.

Em relação aos **estimulantes**, alguns alimentos, mesmo sem fornecer quantidades de energia (calorias) capazes de auxiliar nos treinos, têm sido associados ao melhor desempenho via ação no sistema nervoso central. Essas substâncias reduzem a percepção do esforço e, com isso, aumentam a capacidade de execução do exercício, sendo, por isso, também conhecidos como *energéticos*.

A substância estimulante mais usada e estudada é a **cafeína**, cuja quantidade depende da magnitude da carga de exercícios empregada: doses menores para ações musculares em alta velocidade e baixas cargas (3 mg/kg) e doses maiores para cargas mais altas (Moreno, 2016b). A cafeína mostrou efeito ergogênico em diferentes tipos de exercícios (Moreno, 2016a, 2016b):

- Doses baixas e moderadas de cafeína (100 mg por dia a 6 mg/kg por dose) em diferentes momentos melhoram o rendimento nas **provas de resistência aeróbia** em termos de: tempo ou distância percorrida (ciclismo, atletismo, natação); menor número de erros em esportes de lutas (esgrima, judô); maior distância atingida no arremesso ou no lançamento (atletismo). Além disso, tais doses contribuem para uma melhora no padrão de atividade em esportes individuais de quadra (*badminton*).
- Em **modalidades intermitentes** com duração prolongada, como tênis, futebol e voleibol, 3 mg/kg são suficientes para diminuir a sensação de fadiga, melhorar o rendimento físico e a precisão dos movimentos técnicos.
- Em exercícios de **alta intensidade e curta duração**, a cafeína é capaz de diminuir o tempo de prova, aumentar a velocidade média, a potência e o pico máximo de potência.
- Doses de 5 mg/kg uma hora antes da realização de exercícios de **força e potência** melhoram o rendimento de atletas treinados, devido a uma maior disposição para realizar o esforço mental e à diminuição da dor muscular e do esforço percebido.

A ingestão de café preto contribui para que surjam efeitos ergogênicos, mas suplementos de cafeína podem ser encontrados nas seguintes formas: bebidas esportivas, cápsulas gelatinosas, pastilhas, gomas de mascar e gel isotônico. No entanto, para que um suplemento seja fonte de cafeína, ele deverá fornecer de 210 mg a 420 mg de cafeína por porção (Brasil, 2010).

▌▌▌ Síntese

Para finalizar o capítulo, preparamos um quadro que sintetiza os principais conteúdos abordados.

Quadro 2.2 Síntese do Capítulo 2

1	Os principais sistemas de fornecimento de energia para o esforço são utilizados de acordo com a disponibilidade de substratos para a intensidade e a duração do exercício realizado: sistema anaeróbio do fosfagênio, sistema anaeróbio glicolítico e sistema aeróbio oxidativo. Porém, não só creatina, carboidratos e lipídios atuam como substratos – as proteínas podem ser degradadas por meio da gliconeogênese.
2	As necessidades de energia durante o exercício podem ser modificadas de acordo com fatores ambientais, psicológicos, fisiológicos e corporais, além do tipo de treinamento. Por isso, para cada fase do programa de treino, uma nova necessidade de energia deverá ser calculada, para que se mantenha um nível ótimo de DE para o esforço.
3	A manipulação do VCT deve ser realizada ao longo do ciclo de treinamento, evitando práticas de perda rápida de peso, que levam à desidratação, à perda dos estoques de glicogênio e à redução da massa magra.
4	A fase de superalimentação durante a preparação específica para ganho de massa corporal é chamada de *bulking*, e a fase de redução do VCT para ajustar a composição corporal na etapa pré-competitiva é chamada de *cutting*. O hipercalórico é o suplemento com composição próxima de uma refeição equilibrada para atletas e seu objetivo é complementar a dieta na fase de *bulking*.
5	A creatina é um composto nitrogenado que auxilia na ressíntese de glicogênio muscular. A substância estimulante do sistema nervoso mais usada durante o exercício pra reduzir a percepção do esforço e a dor muscular é a cafeína.

Atividades de autoavaliação

1. Leia a seguinte afirmação: "a proporção de energia advinda da gordura tende a diminuir quando a intensidade de exercício aumenta, o que exige maior participação dos carboidratos" (Hernandez; Nahas, 2009, p. 5).

   Considerando o fragmento de texto e os conteúdos abordados neste capítulo sobre o metabolismo energético, assinale a alternativa que apresenta uma característica do sistema anaeróbio:

   a) Consumo de oxigênio.
   b) Utilização de grandes reservas corporais.
   c) Demora no fornecimento de energia.
   d) Uso da fosfocreatina como substrato energético.
   e) Promoção de emagrecimento.

2. Considere a seguinte informação:

   > Indivíduos obesos geralmente relatam uma ingestão energética não tão superior à de indivíduos magros e, frequentemente, relatam dificuldade em perder peso com dietas hipocalóricas. [...] Entretanto, ainda não há um consenso se o metabolismo basal dos obesos e a termogênese sejam anormais e, principalmente, quais os fatores que poderiam estar alterando este metabolismo. (Souza; Oliveira, 2010, p. 147)

   Refletindo sobre essa informação e com base nos conteúdos discutidos sobre termogênese dos alimentos, indique a alternativa que corresponde ao efeito térmico do alimento:

   a) Temperatura necessária para seu cozimento.
   b) Quantidade de energia necessária para seu metabolismo.
   c) Tempo que o organismo leva para digeri-lo.
   d) Resultado de sua combinação com o exercício físico.
   e) Efeito de sua ingestão na redução de peso corporal.

3. Avalie a citação a seguir:

> A restrição calórica em esportes em que existe a classificação por peso é frequente. Contudo, a equipe masculina avaliada [equipe olímpica permanente de levantamento de peso do Comitê Olímpico Brasileiro] possui níveis tão baixos de percentual de gordura que tornam este tipo de estratégia inviável ou extremamente perigosa, tanto na questão de rendimento físico como na de saúde. (Cabral et al., 2006, p. 347)

Conforme os conteúdos deste capítulo a respeito das consequências da baixa ingestão de energia por atletas, marque a alternativa que apresenta os problemas da perda rápida de peso nesses indivíduos:

a) Controle ideal da composição corporal.
b) Desidratação e depleção de glicogênio.
c) Jejum completo da alvorada ao pôr do sol.
d) Balanço energético positivo.
e) Garantia da qualidade do treinamento pré-competitivo.

4. Considere o seguinte trecho: "Além de seguirem um correto manejo dietético, o balanço nutricional só é possível quando ocorre a compensação adequada dos nutrientes relacionados ao desgaste físico" (Panza e colaboradores, 2007, citados por Johann et al., 2015, p. 545).

Avaliando essa citação e tomando por base os conteúdos sobre estratégias de manipulação energética em atletas, aponte a resposta que corresponde aos indivíduos que estão mais suscetíveis aos ciclos de *bulking* e *cutting*:

a) Maratonistas.
b) Halterofilistas.
c) Fisiculturistas.
d) Nadadores.
e) Ginastas.

5. Acompanhe o seguinte texto:

> De fato, a orientação nutricional e/ou o uso de alguns suplementos podem trazer benefícios para o atleta e até mesmo para praticantes de atividade física, entretanto, estes devem ser feitos de maneira adequada, se baseando em dados científicos e necessidades individuais, não devendo ser recomendados até que se faça a avaliação da saúde e da dieta. (Silva et al., 2016, p. 242)

Após a leitura da passagem anterior e considerando os conteúdos trabalhados sobre o uso de suplementos esportivos, destaque a alternativa que indica uma possibilidade de recomendação de uso da creatina:

a) Vegetarianos e idosos que praticam atividades intensas.
b) Praticantes de corrida de rua de longa distância.
c) Atletas de fim de semana.
d) Todos que fazem musculação.
e) Praticantes de esportes intermitentes.

Atividades de aprendizagem

Questões para reflexão

1. Um de seus alunos treina corrida diariamente às 7 horas da manhã. Você percebeu que quase todos os dias ele apresenta leve dor de cabeça e falta de concentração a partir da metade do exercício. Seu palpite é de que ele está indo treinar em jejum. O que você faz? Que orientação você pode passar a ele sobre a realização de exercícios em jejum?

2. Uma equipe juvenil de MMA vai participar de sua primeira competição na semana que vem. Seguindo o modelo de seus ídolos, os mais velhos do grupo decidem competir em uma categoria de peso inferior. Como você poderia aconselhá-los com relação às consequências da perda rápida de peso?

Atividade aplicada: prática

1. Considerando manter o balanço energético neutro, calcule o valor calórico total (VCT) da sua dieta de acordo o seu nível de atividade física. Você poderá utilizar as equações da taxa metabólica de repouso (TMB) apresentadas neste capítulo e consultar as tabelas de gasto energético de exercícios mencionados no texto. Faça uma reflexão sobre sua alimentação, ponderando sobre o fato de você estar ou não ingerindo calorias suficientes para a demanda energética do seu dia a dia.

Capítulo 3

Carboidrato:
o elemento energético

O **nutriente** com maior importância na produção de energia para o esforço é o carboidrato (CHO)[1], mas a sua quantidade armazenada no organismo é muito limitada. Como discutimos no Capítulo 1, existem variadas fontes de carboidratos nos alimentos que podem ser usadas de forma estratégica para aumentar as reservas corporais. No entanto, quando as fontes alimentares não são suficientes, a suplementação pode ser indicada para atletas de esportes de média a alta intensidade e de longa duração, assim como também esportes menos intensos, porém contínuos ou intermitentes.

---

[1] Muitos rótulos trazem a sigla CHO para se referir ao carboidrato. Por isso, consideramos interessante fazer essa indicação no texto deste capítulo, que trata detalhadamente desse nutriente.

Nesse sentido, este capítulo está voltado para demonstrar a importância dos carboidratos como principal fonte de energia para o esforço. Para isso, explicaremos o que é o índice glicêmico dos alimentos e veremos o papel dos carboidratos antes, durante e após o exercício físico. Após a leitura, você, leitor, poderá identificar os suplementos cuja principal função é fornecer carboidratos.

3.1 Índice glicêmico

Os aspectos que fazem do carboidrato o nutriente mais importante para o esforço são demonstrados no Quadro 3.1, no qual podemos observar que a depleção dos estoques de carboidratos pode gerar dificuldade em manter a intensidade do esforço (força ou ritmo), diminuição das habilidades motoras, falha da concentração e aumento da percepção de fadiga.

Quadro 3.1 Vantagens do carboidrato como fonte energética

Mantém o foco, a atenção e a concentração, pois é o combustível primordial para o sistema nervoso central (cérebro).
Fornece energia mais rapidamente em variadas intensidades, pois pode ser metabolizado em vias anaeróbias ou aeróbias, dependendo da necessidade.
Fornece mais adenosina trifosfato (ATP) do que a molécula de gordura por volume de oxigênio, quando há esforço de alta intensidade.
Quando disponível (glicemia e reservas de glicogênio), prolonga a *performance* em exercícios intermitentes de alta intensidade.
Participa da adaptação muscular ao treinamento: a quantidade e o local da reserva de glicogênio no músculo determinam o ambiente físico, metabólico e hormonal das respostas ao esforço. Em sentido oposto, melhora a adaptação em baixa disponibilidade de carboidrato durante o esforço.

Como ocorre com os demais macronutrientes quando são calculados para atletas, é recomendável que a ingestão de carboidratos respeite o tamanho corporal (o biótipo) e o planejamento do treino (tipo e duração da sessão de exercícios). Também é necessário considerar questões pessoais, como tolerância gastrointestinal, absorção intestinal e efeitos na produção de insulina. Ainda, a fim de escolher os carboidratos mais vantajosos para determinado momento em relação ao esforço, é preciso levar em conta as características dessas substâncias, como: **índice glicêmico (IG)**, adaptação à insulinemia, digestibilidade e taxa de oxidação. A osmolaridade deve ser considerada em todos os suplementos esportivos, sejam de carboidratos, sejam de outros nutrientes.

O índice glicêmico se refere ao comportamento da **glicemia** (concentração de glicose no sangue) e da **insulinemia** (insulina no sangue) após o consumo de carboidratos e será mais bem explicada na Seção 3.2. A **digestibilidade** representa a capacidade de o carboidrato ser reduzido a monossacarídeos, além de considerar o quanto ele é absorvido pelos transportadores intestinais e o seu percentual que passa até o intestino grosso para ser fermentado. Carboidratos que geram muita fermentação podem produzir desconforto abdominal e formação de gases (flatulência).

A **taxa de oxidação** indica em que intensidade o carboidrato será utilizado durante os exercícios. Aqueles com alta taxa de oxidação são preferencialmente recrutados para o gasto de energia durante o esforço, e como essa taxa depende do tipo e do tempo de absorção desse nutriente, é interessante administrar misturas de carboidratos que utilizam transportadores intestinais diferentes, como glicose e frutose combinadas (Fontan; Amadio, 2015).

A **osmolaridade** de uma bebida será maior quanto menor forem as moléculas que a compõem. Por exemplo, bebidas com dextrose (oligossacarídeo) têm menor osmolaridade do que aquelas com igual quantidade de carboidratos na forma de glicose ou de frutose (monossacarídeos), pois o número de partículas para a mesma composição é menor. Igualmente, essa situação ocorre para proteínas em relação aos aminoácidos. Assim, podemos pensar que quanto menores forem as moléculas, mais rápida será sua digestão. Certo. Porém, em grandes quantidades durante o exercício, essas moléculas provocam o efeito inverso, pois ocorre um desvio do fluxo de sangue para a musculatura, ou seja, menos sangue participa da absorção intestinal. O conteúdo maior de fluidos e nutrientes no sistema digestivo (alta osmolaridade) pode provocar ânsia, vômito, fermentação excessiva (fortes cólicas e gases) ou diarreia.

Exemplos desses distúrbios podem ser verificados em atletas de provas longas que recorrem a suplementos com alta concentração de carboidratos ou eletrólitos, na crença de que estão fazendo uma reposição mais eficiente desses nutrientes. Porém, todos os nutrientes (com exceção da água) utilizados durante o esforço devem ser administrados "a conta-gotas", dividindo-se a quantidade total calculada para o atleta pela concentração tolerada por ele para determinado nutriente (definido durante os treinos).

Importante!

O **momento da ingestão** do carboidrato durante o dia pode ser manipulado de forma a promover alta disponibilidade desse nutriente para uma sessão específica de treino. Nesse sentido, ele pode ser consumido antes ou durante o esforço ou ainda durante a recuperação de uma sessão anterior de exercício.

A **insulina** é o hormônio liberado pelo pâncdreas toda vez que ocorre um aumento da glicose no sangue (após a absorção de carboidratos). Sua função é acionar os transportadores da membrana celular (Glut-4) para capturar a glicose do sangue para dentro das células (inclusive as musculares). Atletas diabéticos não conseguem realizar essa função sem uso de medicamentos e, por isso, precisam de cuidados específicos ao manipular carboidratos durante o esforço. Atletas saudáveis, por sua vez, precisam desenvolver uma adaptação relacionada ao nível de insulina durante o esforço após a dose de carboidratos. Uma liberação alta de insulina (causada por medicamento ou pela ingestão descontrolada de carboidratos) pode reduzir exageradamente a glicemia, levando à falta de açúcar no sangue (hipoglicemia) durante o exercício, além de enfatizar o uso de carboidratos como fonte energética para o movimento, reduzindo a participação das gorduras – ou seja, depleta glicogênio mais rapidamente.

Em 1981, David Jenkins e outros pesquisadores estudaram o efeito na glicemia de alimentos e açúcares após o consumo de carboidratos de diferentes velocidades de absorção (Jenkins et al., 1981). A intensidade do aumento na glicemia provocado pela ingestão de cada produto, como vimos, é chamada de *índice glicêmico*. Essa característica dos alimentos ricos em carboidratos tem sido manipulada nas refeições de acordo com o momento em relação ao exercício. O Quadro 3.2, a seguir, mostra os valores de glicemia para a classificação do índice glicêmico de alimentos.

Quadro 3.2 Classificação do índice glicêmico dos alimentos

Classificação	Índice glicêmico do alimento
Baixo	Até 55
Moderado	De 56 a 69
Alto	De 70 para cima

Fonte: Elaborado com base em Atkinson; Foster-Powell; Brand-Miller, 2008, p. 2281-2282.

Nos primeiros 15 minutos após o consumo de carboidratos, ocorre um pico na glicemia – mais alto e mais rápido para alimentos com alto IG e menor e mais progressivo para alimentos com baixo IG – que logo decresce até valores normais de glicose sanguínea em virtude da resposta compensatória da insulina. Porém, após o consumo de uma refeição com alto IG, o retorno à normalidade da glicemia pode demorar 45 minutos, ou seja, 15 minutos a mais do que uma refeição com baixo IG (Faria et al., 2011, p. 400).

Assim, é importante evitar qualquer refeição no intervalo entre 15 a 45 minutos antes do esforço, pois esse período coincide com o do pico glicêmico provocado pelos carboidratos, independentemente do IG (Faria et al., 2014). Porém, alguns atletas podem sentir fome ou precisar repor carboidratos logo antes de uma competição. Dessa forma, o melhor a fazer é considerar o tamanho e a duração da resposta glicêmica para escolher os carboidratos a serem consumidos no período até 30 minutos antes do exercício.

Antes do esforço, é mais indicado consumir carboidratos com baixo IG, pois os comportamentos da glicemia e da insulina provocados pela absorção desses nutrientes no organismo é mais estável ao longo do exercício. De maneira contrária, carboidratos com alto IG provocam maior elevação da glicemia, mais rápida e mais duradoura que carboidratos com baixo IG. Em outras palavras, é preferível evitar carboidratos com alto IG momentos antes do treino, pois, em resposta à maior elevação da glicemia, o exercício (que capta glicose para os músculos) aliado à ação da insulina (que retira glicose do sangue para as células) poderá causar uma baixa exagerada do nível de açúcar no sangue em torno de 15 minutos de esforço (chamado *efeito rebote* ou *hipoglicemia de rebote*) – ou seja, nessas condições, em vez de dispor de mais glicose, o atleta tem uma quantidade menor dessa substância disponível para a geração de energia. Lembramos que isso só ocorrerá se houver a ingestão de carboidratos dessa natureza em 30 a 40 minutos anteriores ao exercício – logo, não é preciso fugir de alimentos com alto IG. Devemos usar essa característica dos carboidratos a favor do rendimento.

Uma forma de equilibrar o efeito da insulina ao consumo de carboidratos, segundo Fontan e Amadio (2015, p. 157), é utilizar misturas

> de carboidratos específicos na proporção adequada, afim [sic] de maximizar os resultados desejados. Sendo a ingestão concomitante de CHO de alto IG (glicose e sacarose) e baixo IG (frutose) na proporção de

2 para 1 maiores representativos. Estes carboidratos quando ingeridos concomitantemente apresentaram melhor desempenho devido a digestão, absorção, índice glicêmico e taxa de oxidação dos mesmos que favorece melhores resultados.

No entanto, nem a carga glicêmica nem o índice glicêmico das refeições ricas em carboidratos são tão importantes para os resultados metabólicos e para a *performance* quanto a quantidade total de energia e de carboidratos presente nas refeições diárias do atleta – ou seja, em sua dieta balanceada. O Quadro 3.3 resume os principais aspectos a serem observados na escolha de carboidratos para atletas.

Quadro 3.3 Aspectos a serem observados na escolha de carboidratos para atletas

Característica da refeição com carboidratos	Significado simplificado
Índice glicêmico	Diz respeito ao efeito na glicemia que provoca uma maior ou menor liberação de insulina e, consequentemente, uma maior ou menor retirada da glicose disponível no sangue, respectivamente.
Carga glicêmica	Refere-se à quantidade de carboidratos na refeição; é possível ter carboidratos com alto índice glicêmico, mas que estão em pouca quantidade na porção ingerida, ou seja, pouca glicose será disponível e ocorrerá menor liberação de insulina.
Digestibilidade	Depende do teor de outros nutrientes presentes na mesma refeição.
Taxa de oxidação	Relaciona-se à disponibilidade de transportadores intestinais para absorver com maior ou menor velocidade os carboidratos.
Momento da refeição	Representa a escolha do tipo de carboidrato mais indicado em relação ao momento do exercício físico.

3.2 Consumo de carboidratos antes do exercício

O principal objetivo do uso de carboidratos antes do esforço é promover o aumento e a disponibilidade das reservas energéticas musculares e hepáticas, ou seja, elevar as reservas de glicogênio. A ação de ampliar os estoques de glicogênio pode se iniciar horas ou dias antes de uma sessão importante de treinamento, sendo que, nesse período, considera-se o conteúdo de carboidratos de todas as refeições realizadas.

Perguntas & respostas

1. **O atleta precisa se fartar de carboidratos todos os dias?**

    Nem sempre. A oferta de carboidratos na dieta de um esportista deve ser proporcional ao grau de exigência da fase de treinamento em que ele está. Na população em geral e em praticantes de exercícios leves e moderados, consideramos um **teor de carboidratos** normalmente entre 50% a 60% do valor calórico total (VCT), ou seja, em relação ao total de energia ingerida. Já em atletas, essa relação não é suficiente para o aporte de energia necessário para cada modalidade em função dos diferentes tipos corporais e das distintas intensidades de treino.

As recomendações diárias de carboidratos para esportistas seguem prescrições de acordo com a massa corporal, dada em quilograma (kg). Na Figura 3.1, apresentamos as recomendações de carboidratos para atletas de acordo com a intensidade e a duração do exercício.

Figura 3.1 Quantidade diária recomendada de carboidratos para atletas de acordo com a fase do plano de treinamento

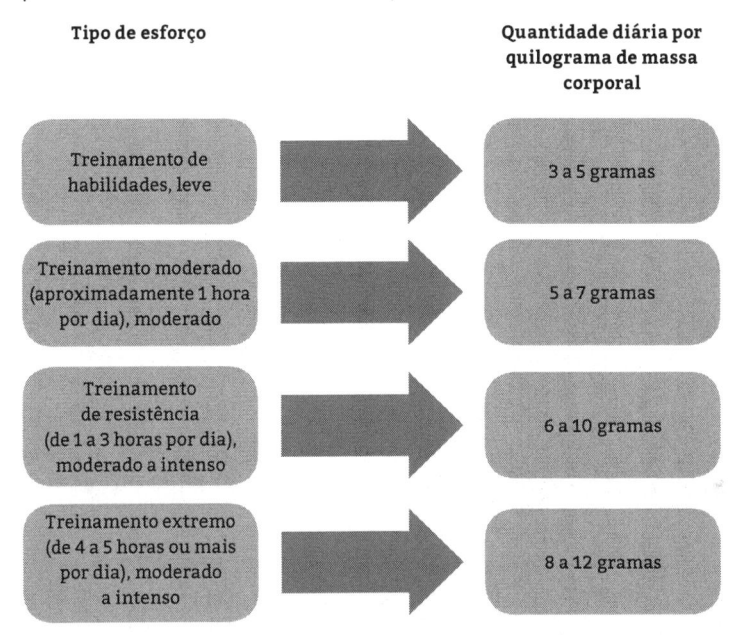

Tipo de esforço	Quantidade diária por quilograma de massa corporal
Treinamento de habilidades, leve	3 a 5 gramas
Treinamento moderado (aproximadamente 1 hora por dia), moderado	5 a 7 gramas
Treinamento de resistência (de 1 a 3 horas por dia), moderado a intenso	6 a 10 gramas
Treinamento extremo (de 4 a 5 horas ou mais por dia), moderado a intenso	8 a 12 gramas

Fonte: Elaborado com base em Thomas; Erdman; Burke, 2016, p. 508.

As quantidades diárias expostas na Figura 3.1 devem ser divididas ao longo do dia em momentos funcionais a fim de melhorar a prontidão para o esforço ou promover uma melhor recuperação após o exercício.

A estratégia mais comum em refeições que antecedem eventos esportivos é a sobrecarga de carboidratos (*carb-loading*). Essa técnica busca supercompensar o músculo com a redução do treinamento e o aumento da ingestão de carboidratos durante 48 horas antes do evento para favorecer o acúmulo de glicogênio. Ela funciona melhor quando o atleta realiza uma dieta controlada de carboidratos e um treinamento usual que exaure o glicogênio, a fim de promover um estado muscular com necessidade de armazenar energia. As principais refeições que contribuem para esse objetivo são aquelas realizadas entre uma a 4 horas antes do esforço.

Portanto, uma forma simples de aplicar esse conceito, por exemplo, é ingerir, na noite da véspera de uma competição (que ocorrerá no período da manhã), um jantar rico em massas e com pouca gordura. Como o período do sono reduz o gasto energético, ao amanhecer, os músculos estarão repletos de glicogênio. Então, o desjejum não precisa conter grande quantidade de cereais ou de pães, o que favorecerá também o esvaziamento gástrico antes da prova e a normalização da glicemia. Isso ocorre porque, em virtude do período para a digestão dos alimentos, quanto mais tempo se puder esperar da maior refeição até o momento do exercício (até quatro horas antes), melhor.

Em provas realizadas pela manhã, é preciso sempre considerar a relação entre o tempo de digestão e a quantidade de alimentos a ser ingerida. Já em outras situações, pessoas que treinam durante o horário de almoço devem fazer um lanche leve até uma hora antes do treino e almoçar somente após os exercícios. Por isso, quem faz um lanche na metade da manhã e não come mais nada chega ao horário do almoço com mais fome do que disposição para fazer exercícios, ou seja, mais necessidade de energia do que disponibilidade de glicose para realizar o esforço.

Em nível competitivo, o armazenamento de glicogênio por meio de refeições em pré-evento ricas em carboidratos deve ocorrer durante todo o período preparatório do atleta para a próxima sessão de exercício (**fase de preparação**). A Figura 3.2, a seguir, apresenta recomendações do American College of Sports Medicine (ACSM) para a ingestão de carboidratos na fase de preparação.

Figura 3.2 Quantidade recomendada de carboidratos na fase de preparação

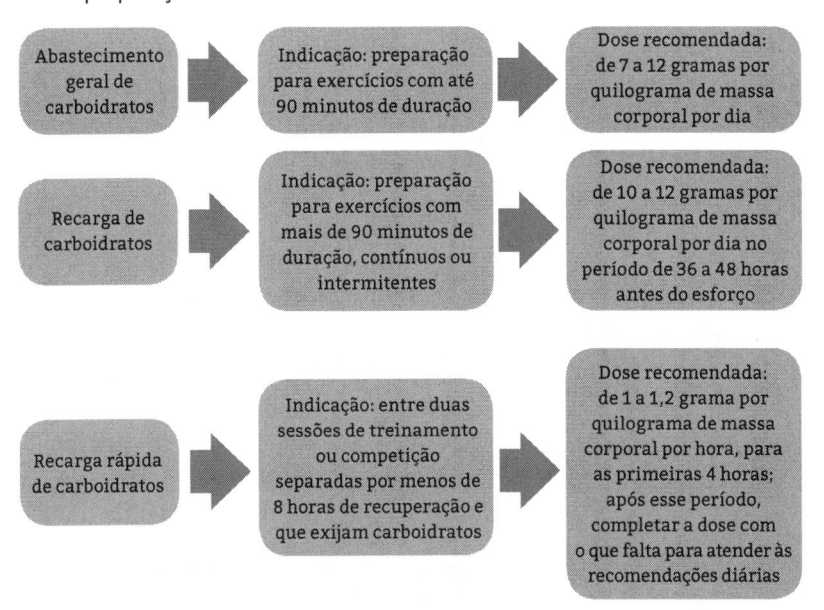

Etapa	Indicação	Dose recomendada
Abastecimento geral de carboidratos	Indicação: preparação para exercícios com até 90 minutos de duração	Dose recomendada: de 7 a 12 gramas por quilograma de massa corporal por dia
Recarga de carboidratos	Indicação: preparação para exercícios com mais de 90 minutos de duração, contínuos ou intermitentes	Dose recomendada: de 10 a 12 gramas por quilograma de massa corporal por dia no período de 36 a 48 horas antes do esforço
Recarga rápida de carboidratos	Indicação: entre duas sessões de treinamento ou competição separadas por menos de 8 horas de recuperação e que exijam carboidratos	Dose recomendada: de 1 a 1,2 grama por quilograma de massa corporal por hora, para as primeiras 4 horas; após esse período, completar a dose com o que falta para atender às recomendações diárias

Fonte: Elaborado com base em Thomas; Erdman; Burke, 2016, p. 508.

O lanche leve ou a refeição em pré-exercício deve ocorrer no máximo até uma hora antes de iniciar o esforço (**fase pré-evento**), para completar os processos digestivos e aguardar a normalização da glicemia.

> Assim, a refeição que antecede os treinos deve ser suficiente na quantidade de líquidos para manter hidratação, pobre em gorduras e fibras para facilitar o esvaziamento gástrico, rica em carboidratos para manter a glicemia e maximizar os estoques de glicogênio, moderada na quantidade de proteína e deve fazer parte do hábito alimentar do atleta. (Hernandez; Nahas, 2009, p. 4)

Dessa forma, o alimento deve ser uma fonte de prazer. Produtos muito nutritivos, mas que sejam desagradáveis ao paladar, podem levar o indivíduo a desistir de seguir as recomendações dietéticas. Deve-se considerar, também, que, se não houver necessidade ou tempo para repor carboidratos durante o esforço, a refeição em pré-evento deverá conter carboidratos com baixo IG, pois assim a glicemia permanecerá mais estável durante o esforço. O ACSM recomenda a ingestão de 1 a 4 gramas de carboidratos por quilograma de massa corporal na fase de preparação para exercícios com duração superior a 60 minutos (Thomas; Erdman; Burke, 2016).

Ainda considerando atletas de alto nível, em alguns momentos pode ser vantajoso promover uma adaptação do indivíduo a uma menor disponibilidade de carboidratos, oferecendo quantidades menores desse nutriente do que as ideais. O treinamento com baixa disponibilidade de carboidratos pode favorecer o aumento da tolerância ao lactato e melhorar a utilização do glicogênio (Thomas; Erdman; Burke, 2016). Porém, o atleta precisa ser preparado para utilizar esse tipo de estratégia, sem sofrimento metabólico desnecessário, pois, sem carboidratos suficientes, seu organismo terá de buscar energia de outros substratos e lidar com os metabólitos das reações químicas realizadas (substâncias resultantes), como mais corpos cetônicos e mais lactato. Além disso, o momento para treinar esse tipo de adaptação deve ser pensado em relação ao calendário competitivo do atleta, ou seja, esse método pode ser aplicado durante algumas das fases do macrociclo, distante dos períodos competitivos, e não durante o treinamento inteiro.

Importante!

Pessoas comuns que praticam exercícios com regularidade para a saúde não precisam se expor à manipulação do consumo de carboidratos, aumentando ou diminuindo a ingestão desses nutrientes antes do esforço. O ideal para esse público é que a refeição em pré-treino contenha carboidratos de fácil digestibilidade, baixo teor de fibras e gorduras, pouca proteína e baixo IG e seja realizada até 45 minutos antes do momento do exercício.

3.3 Consumo de carboidratos durante o exercício

A utilização de carboidratos durante o esforço tem como objetivo principal adiar a depleção de glicogênio e manter a taxa de glicemia do atleta. Para qualquer suplemento ingerido nessa fase, além de considerar o momento e o volume da hidratação, deve-se levar em conta a tolerância do atleta ao consumo de fluidos e de nutrientes ao realizar exercícios intensos. O suplemento pode, por exemplo, reduzir a velocidade da corrida durante alguns minutos após sua ingestão. Essa pequena queda de rendimento precisa ser contabilizada na estratégia nutricional, adequando o momento de suplementação ao instante em que o atleta precisará dessa assistência.

O conteúdo de carboidratos para reposição na forma hídrica não deve ser superior a 6% na maioria das situações. Porém, maiores concentrações dessas substâncias são indicadas para serem ingeridas em intervalos de 20 a 30 minutos no caso de atividades de baixa intensidade e longa duração, como provas de aventura, caminhadas longas, expedições em altitude elevada e treinamento de natação (Hernandez; Nahas, 2009). Todavia, modalidades que envolvem grandes distâncias, como maratona, maratona aquática ou corrida de aventura, podem gerar obstáculos para o atleta dispor dos suplementos ao longo da prova.

Além disso, não podemos nos esquecer de que a digestibilidade, a taxa de oxidação e a insulinemia relacionadas ao consumo de carboidratos afetam a tolerância gastrointestinal de cada atleta. No entanto, esses efeitos se apresentam de forma bastante subjetiva, isto é, podem ser adaptados ao exercício ao longo do tempo, refletindo-se em menores interferências no rendimento esportivo. Mesmo assim, nunca se deve experimentar algum tipo de suplemento durante competições ou por que outra pessoa o utiliza com sucesso.

A Figura 3.3, a seguir, apresenta recomendações do ACSM para a ingestão de carboidratos durante o exercício de acordo com a característica principal do esforço.

Figura 3.3 Quantidade recomendada de carboidratos durante o exercício por tipo de esforço

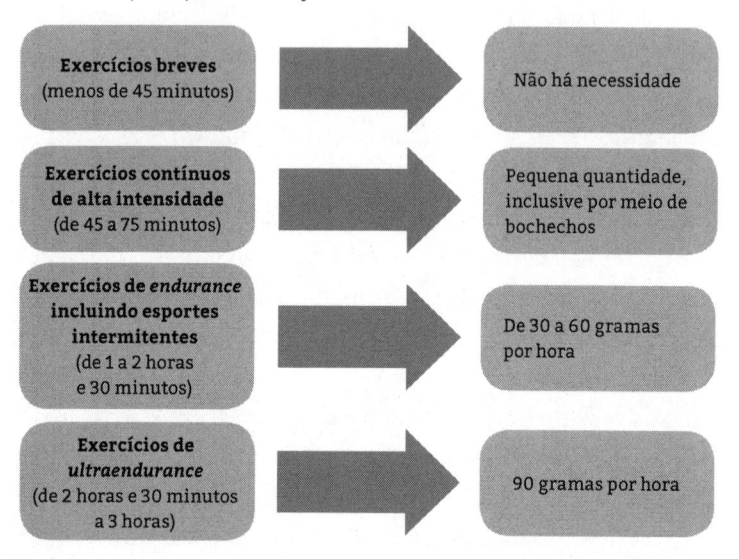

Tipo de esforço	Recomendação
Exercícios breves (menos de 45 minutos)	Não há necessidade
Exercícios contínuos de alta intensidade (de 45 a 75 minutos)	Pequena quantidade, inclusive por meio de bochechos
Exercícios de *endurance* incluindo esportes intermitentes (de 1 a 2 horas e 30 minutos)	De 30 a 60 gramas por hora
Exercícios de *ultraendurance* (de 2 horas e 30 minutos a 3 horas)	90 gramas por hora

Fonte: Elaborado com base em Thomas; Erdman; Burke, 2016, p. 509.

Mais do que garantir o aporte de energia, a escolha dos carboidratos também pode refletir em mudanças nos resultados. Segundo estudo de revisão de Ever Espino González, María de Jesús Munõz Daw e Ramón Candia Lujan (2015, p. 1930), atletas que receberam maior quantidade de frutose na bebida durante o exercício, aliada à glicose ou à sacarose, apresentaram melhoras significativas no rendimento físico. Os autores presumem que usar carboidratos com diferentes taxas de oxidação e de absorção aumenta os meios mediante os quais o organismo captura e utiliza esses nutrientes. Em outras palavras, esses carboidratos aceleram a disponibilidade e a quantidade de energia.

No entanto, essa teoria pareceu não funcionar quando se combinou frutose com maltodextrina, pois, nesse caso, os resultados do estudo foram contraditórios. Percebemos, dessa forma, que não basta qualquer mistura ou suco adoçado, pois é a combinação de certos monossacarídeos na proporção certa que pode fazer a diferença no desempenho dos atletas.

Outro papel dos carboidratos na melhora da performance, que não se relaciona ao fornecimento de glicose, tem sido investigado e se refere à exposição frequente da cavidade oral a esses nutrientes durante o esforço. A premissa *é* a de que ter carboidratos na boca durante a prática de exercícios *é capaz de* melhorar o ritmo de treino por meio da percepção, do sistema nervoso central, da presença de carboidratos, elevando o bem-estar e o favorecendo o autoestímulo para continuar a executar o exercício (Thomas; Erdman; Burke, 2016).

Essa proposição é muito interessante porque alia a alimentação à psicologia do esporte. Porém, antes de orientar os alunos a, literalmente, correr com a boca cheia de carboidratos, devemos avaliar os prós e os contras desse método. Como vantagem, ao não engolir a solução, o atleta evita o desconforto gastrointestinal e estimula o sistema nervoso. Como desvantagem, há o não fornecimento de energia, mas apenas o estímulo sensorial, além do risco de engasgar. Para atletas de alto nível, esse pequeno e rápido conforto com carboidratos pode lhes ajudar a conquistar grandes resultados.

3.4 Consumo de carboidratos na recuperação após o exercício

Com atenção à *fisiologia do exercício*, a recuperação após o esforço é dividida em duas etapas: a **fase de recuperação imediata** e a **fase de recuperação tardia**.

A recuperação imediata é contada a partir do momento em que o atleta termina o exercício e dura até duas horas depois. Trata-se de um período de intensa atividade metabólica, em que as necessidades nutricionais são elevadas, principalmente para a recuperação muscular (glicogênio e reconstrução) e das enzimas, bem como para a normalização da temperatura corporal e para a retirada dos catabólitos da produção de energia. Para todas essas reações, o organismo precisa de energia extra e rápida, até que retorne ao estado completo de repouso.

O tempo para atingir a homeostase (estado de equilíbrio) pode ser maior para exercícios mais exaustivos ou prolongados e depende do condicionamento físico do atleta. Quanto mais treinado ele estiver, mais rapidamente seu corpo retornará à normalidade.

Para fins de nutrição esportiva, a alimentação na fase imediata deve ser próxima da utilizada durante o esforço nas características de alta digestibilidade e de rápida taxa de oxidação. A diferença principal é que o teor de carboidratos administrados pode ser maior, pois o nível de insulina não interfere negativamente nessas reações; pelo contrário, ele pode facilitar a recuperação por levar glicose para a regeneração do glicogênio nas células e, também, por sua ação anabólica na reconstrução dos músculos.

Na recuperação imediata após o exercício exaustivo, "recomenda-se a ingestão de carboidratos simples entre 0,7 e 1,5g/kg peso no período de quatro horas, o que é suficiente para a ressíntese plena de glicogênio muscular" (Hernandez; Nahas, 2009, p. 5). Para pessoas comuns que praticam exercícios regularmente, essa fase de alto catabolismo pode ser usada como estratégia em programas de redução de peso, com o consumo de menos carboidratos na refeição em pós-treino para promover a mobilização das reservas corporais.

A recuperação tardia, por sua vez, ocorre após a fase de alta atividade catabólica e vai até a recuperação completa das reservas energéticas e das estruturas corporais. Na ausência de lesão muscular severa, os estoques de glicogênio são normalizados em até 72 horas após o evento esportivo. Isso significa que modalidades que envolvem a participação de força, potência e explosão em alta intensidade ou resistência de longa duração têm uma fase tardia mais demorada. Podemos perceber esse momento quando os alunos apresentam dor tardia, ou seja, um ou dois dias depois da sessão de exercício, a musculatura ainda estará se recuperando do estímulo do treino.

Por esse motivo, também, costuma-se dizer que exercícios resistidos promovem gasto de calorias mesmo após terem terminado. O treinamento aeróbio também promove essa queima extra, dependendo da intensidade, mas o resistido apresenta uma fase de recuperação tardia mais prolongada. Essa é uma importante informação que pode ser usada em programas de emagrecimento.

Em geral, a reposição dos estoques de glicogênio deve ser realizada considerando sempre a próxima sessão de treinamento. Isso é relevante principalmente no caso de exercícios com novas cargas ou de eventos esportivos realizados em curto espaço de tempo. Por exemplo, competições em que várias baterias são disputadas no mesmo dia, nas quais o atleta vai avançando de fase e, consequentemente, precisa apresentar uma *performance* cada vez melhor ou partidas que ocorrem com um ou dois dias de intervalo para a recuperação (como campeonatos de vôlei e de basquete).

Para repor glicogênio entre as cargas de exercício intenso com curto tempo de recuperação, a dose de carboidratos, em geral, pode ser de 1 a 1,2 grama por quilograma de massa corporal por hora (g/kg/h) nas primeiras 4 a 6 horas (Thomas; Erdman; Burke, 2016, p. 517). Nesse caso, a reposição em forma de líquido, gel ou barra pode ser mais indicada, mas, a depender da duração dos intervalos, pode-se considerar a ingestão de pequenos lanches de fácil digestão, ricos em amidos e cereais.

A Figura 3.4, a seguir, exemplifica o uso nutricional do carboidrato por momento do exercício físico.

Figura 3.4 Uso nutricional de carboidratos em relação ao exercício físico

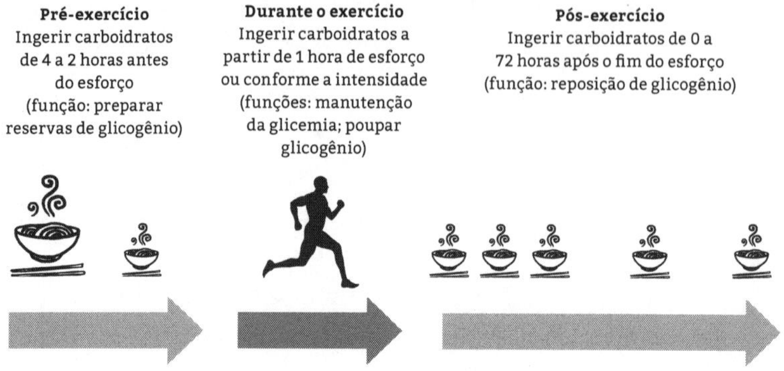

Pré-exercício
Ingerir carboidratos de 4 a 2 horas antes do esforço (função: preparar reservas de glicogênio)

Durante o exercício
Ingerir carboidratos a partir de 1 hora de esforço ou conforme a intensidade (funções: manutenção da glicemia; poupar glicogênio)

Pós-exercício
Ingerir carboidratos de 0 a 72 horas após o fim do esforço (função: reposição de glicogênio)

KoQ Creative e K Kreto/Shutterstock

Podemos perceber que a aplicação de doses extras de carboidratos nas refeições do atleta deve estar coordenada com o planejamento diário de exercícios e com o momento do esforço.

3.5 Hiperglicídicos

São chamados **hiperglicídicos** os alimentos ou as refeições cuja composição é principalmente formada por carboidratos. Segundo a Agência Nacional de Vigilância Sanitária (Anvisa), em torno de 75% do valor energético do alimento deve ser proveniente de carboidratos para que ele seja considerado hiperglicídico (Brasil, 2010).

Suplementos ricos em carboidratos para fins esportivos são diferentes dos chamados *energéticos*, mesmo que a função principal de ambos seja fornecer energia. Os hiperglicídicos compõem-se predominantemente de carboidratos, com a participação de outros nutrientes em pequena quantidade, como eletrólitos e aminoácidos (mais comuns). Por sua vez, os energéticos podem fornecer calorias de carboidratos e lipídios, de aminoácidos e carboidratos ou de combinações de nutrientes com elementos estimulantes, como analisamos no Capítulo 2. Assim, podemos dizer que os suplementos essencialmente formados por carboidratos são hiperglicídicos.

O Quadro 3.4, a seguir, apresenta algumas das características dos suplementos hiperglicídicos.

Quadro 3.4 Características de suplementos hiperglicídicos[2]

Energia por porção	Variável
Teor de carboidratos	75%
Teor de proteínas	Pode conter pequena quantidade em forma de aminoácidos
Teor de lipídios	Ausente
Outros elementos	Pode conter pequenas quantidades de eletrólitos

Esses suplementos podem ser encontrados em diferentes formas: bebidas esportivas, géis, balas, barras etc. A indicação do modo de ingestão dos hiperglicídicos depende do momento em relação ao exercício (Quadro 3.5) e da preferência do atleta.

Quadro 3.5 Forma de suplementação em relação ao momento do exercício

Momento em relação ao exercício físico	Necessidade do carboidrato	Forma adequada do suplemento de carboidrato
Durante o esforço ou na fase de recuperação imediata	Uso imediato (rápido esvaziamento gástrico)	Bebidas com baixa concentração do nutriente (de 6% a 8%)
Durante o esforço	Uso em curto prazo (liberação gradual)	Géis ou balas

(continua)

---

[2] A informação referente ao teor de carboidratos encontra-se na Resolução de Diretoria Colegiada RDC n. 18, de 27 de abril de 2010 (Brasil, 2010), publicada pela Anvisa.

(Quadro 3.5 – conclusão)

Momento em relação ao exercício físico	Necessidade do carboidrato	Forma adequada do suplemento de carboidrato
Antes do esforço e na fase de recuperação imediata		Barras
Refeição em pré-exercício e lanches intermediários ao longo do dia	Uso em médio prazo (aumenta a glicemia e o glicogênio)	Bebidas ou pós para preparo de bebidas com alta concentração do nutriente (de 9% a 20%)
Refeição em pós-exercício, desjejum	Uso em longo prazo (regenera estoques de glicogênio)	Preferência pelos carboidratos contidos nos alimentos

Nota: Lembramos que nem todos os praticantes de exercício precisam tomar hiperglicídicos para dispor de energia suficiente para seus treinos.

||| *Importante!*

A avaliação da necessidade de consumo de hiperglicídicos deve ser feita pelo nutricionista esportivo após serem equilibrados a composição da dieta de base e o momento das refeições. O uso inapropriado desses produtos pode levar a efeitos indesejados na insulinemia e ao acúmulo de gordura corporal.

||| *Síntese*

Para finalizar este capítulo, preparamos um quadro que sintetiza os principais conteúdos abordados.

Quadro 3.6 Síntese do Capítulo 3

1	Os carboidratos são os principais nutrientes para fornecer energia a esportistas para manter a intensidade do esforço (força ou ritmo) e a concentração, retardando a percepção de fadiga. A escolha dos carboidratos a serem ministrados dependerá do índice glicêmico, da digestibilidade e da taxa de oxidação do atleta e do momento do exercício.
2	O índice glicêmico se refere aos comportamentos da glicemia e da insulina no sangue após 15 minutos do consumo de carboidratos. Para o pré-treino, o carboidrato com baixo índice glicêmico é o mais indicado, pois os comportamentos da glicemia e da insulina provocados pela sua absorção são mais estáveis ao longo do exercício.
3	O conteúdo de carboidratos durante o esforço não deve ser superior a 6% em bebidas esportivas, porém maiores concentrações podem ser necessárias em provas de aventura, em caminhadas longas e em expedições em altitude elevada, entre outras.
4	Na recuperação imediata após o exercício exaustivo, recomenda-se o consumo de 0,7 a 1,5 grama de carboidrato por quilograma de massa corporal do atleta; na recuperação tardia, recomenda-se a inclusão de alimentos ricos em carboidratos complexos em todas as refeições.
5	São hiperglicídicos os alimentos ou as refeições que apresentam no mínimo 75% de carboidratos em sua composição. A utilização de suplementos dessa natureza depende do momento em relação ao exercício e pode ser feita, principalmente, com bebidas esportivas, géis, balas e barras.

Atividades de autoavaliação

1. Leia o trecho a seguir: "o tipo de alimento consumido, a quantidade calórica total consumida, a distribuição dos nutrientes e o tempo de antecedência em que estes alimentos são consumidos, em relação ao horário da prática do exercício, podem resultar em alguns efeitos indesejáveis" (Cocate; Marins, 2007, p. 68).

Segundo esse texto e com base nos conteúdos sobre a administração de carboidratos em pré-exercício, assinale a alternativa que expressa qual é o principal efeito do consumo de carboidratos de alto índice glicêmico nessa fase:

a) Pode levar à hipoglicemia de rebote.
b) Reduz as reservas exógenas de glicogênio.
c) Atenua a fome e a vontade de se alimentar durante o esforço.
d) Aumenta o desconforto gástrico.
e) Provoca alta liberação de glicose para o exercício físico.

2. Considere a informação a seguir:

> A capacidade de realizar uma atividade de endurance por um maior tempo é limitada pelo conteúdo de glicogênio muscular e hepático. Partindo deste pressuposto, surgiu o conceito de se submeter o atleta a uma manipulação dietética, enfatizando uma sobrecarga de carboidratos antes da competição, no intuito de retardar a fadiga. (Sousa; Navarro, 2010, p. 464)

Após refletir sobre essa informação e considerando os conteúdos trabalhados sobre a utilização de carboidratos antes do esforço, indique a alternativa que corresponde aos carboidratos indicados no período pré-treino:

a) Carboidratos com alto teor de fibras.
b) Carboidratos com alto índice glicêmico.
c) Carboidratos com baixo índice glicêmico.
d) Carboidratos simples com lipídios poli-insaturados.
e) Carboidratos complexos de baixa digestibilidade.

3. Analise a seguinte recomendação: "A reposição necessária de carboidratos para manter a glicemia e retardar a fadiga é de 30 a 60g por hora, com concentração de 4 a 8 g/decilitro. Mesmo com uso combinado de diversos carboidratos, sua ingestão não deve exceder 80g/hora" (Hernandez; Nahas, 2009, p. 7).

Considerando esse trecho e com base nas informações sobre suplementação de carboidratos apresentadas neste capítulo, marque a alternativa que apresenta corretamente uma relação estabelecida entre a duração do exercício e o consumo de carboidratos durante uma atividade:

a) Corridas leves que acabam em menos de 45 minutos requerem reposição de carboidratos durante sua realização.
b) Exercícios intermitentes e prolongados como a prática de futebol não exigem reposição de carboidratos durante sua realização.
c) Em provas de ciclismo, independentemente de sua duração, bochechos com carboidratos não têm utilidade durante sua realização.
d) Em modalidades de *ultraendurance*, como o *Ironman*, uma pequena quantidade de carboidratos em dose única é suficiente para melhorar o desempenho do atleta.
e) Competições de curta duração com alta intensidade demandam a utilização de carboidratos durante sua realização.

4. Atente para a seguinte informação: "Atividade física, performance atlética e a recuperação são melhorados, após a prática de exercícios, por uma seleção apropriada de alimentos e líquidos, de tempo para a ingestão, da quantidade a ser ingerida e da escolha da suplementação" (Sousa; Navarro, 2010, p. 464).

Após a leitura dessa citação e com base nos conteúdos sobre a participação dos carboidratos no esforço, aponte a alternativa que corresponde à principal vantagem do carboidrato na fase de recuperação:

a) Sacia a fome do atleta após o esforço intenso.
b) Ajuda o organismo a repor glicogênio e a recuperar a homeostase.
c) Reduz a desidratação provocada pelo exercício.
d) Aumenta a insulina para novas baterias em competições com várias provas realizadas no mesmo dia.
e) Aumenta o tempo para a recuperação pós-esforço.

5. Reflita sobre o excerto a seguir:

> Concomitantemente, a avaliação revelou que a prevalência do uso de suplementos alimentares errôneos com alto valor proteico formulado com lipídeos, carboidratos e ácidos graxos, gera um estado metabólico que pode favorecer o agravamento das dislipidemias aterogênicas, com elevação dos triglicerídeos, diminuição HDL-c e aumento LDL-c. Por isso, o uso consciente ou inconsciente da autossuplementação pode ser um fator risco à saúde dos atletas e praticantes de exercícios físicos. (Almeida et al., 2015, p. 37))

Com base no trecho lido e nos conteúdos sobre suplementos hiperglicídicos, destaque a alternativa que indica as características desse tipo de suplemento:

a) Tem 55% de sua energia fornecida por glicídios.
b) Pode ser encontrado em forma de gel ou de bala.
c) Fornece aminoácidos para recuperar lesões musculares.
d) Pode ser usado no pré-treino.
e) Tem a mesma composição dos alimentos hipercalóricos.

Atividades de aprendizagem

Questões para reflexão

1. Entre os atletas de voleibol, há um jovem com tendência à hipoglicemia. Durante um jogo, todos bebem uma garrafa de refrigerante a pedido do patrocinador e, então, o jovem passa mal. O que pode ter lhe acontecido? Reflita sobre esse caso considerando o que foi apresentado neste capítulo sobre os efeitos da insulina – lembre-se de que o refrigerante contém grande quantidade de açúcares.

2. Um corredor está participando das seletivas dos 100 metros rasos do Campeonato Brasileiro de Atletismo. Devido ao grande número de inscritos, ele terá de enfrentar quatro baterias até a grande final. Com grandes chances de obter um bom tempo, que tipo de nutriente o atleta deverá consumir entre as baterias para manter o rendimento?

Atividade aplicada: prática

1. Pesquise na internet sobre os carboidratos utilizados em suplementos esportivos e verifique se a indicação de uso do fabricante confere com o que você aprendeu sobre a relação entre o momento em relação ao exercício e o índice glicêmico.

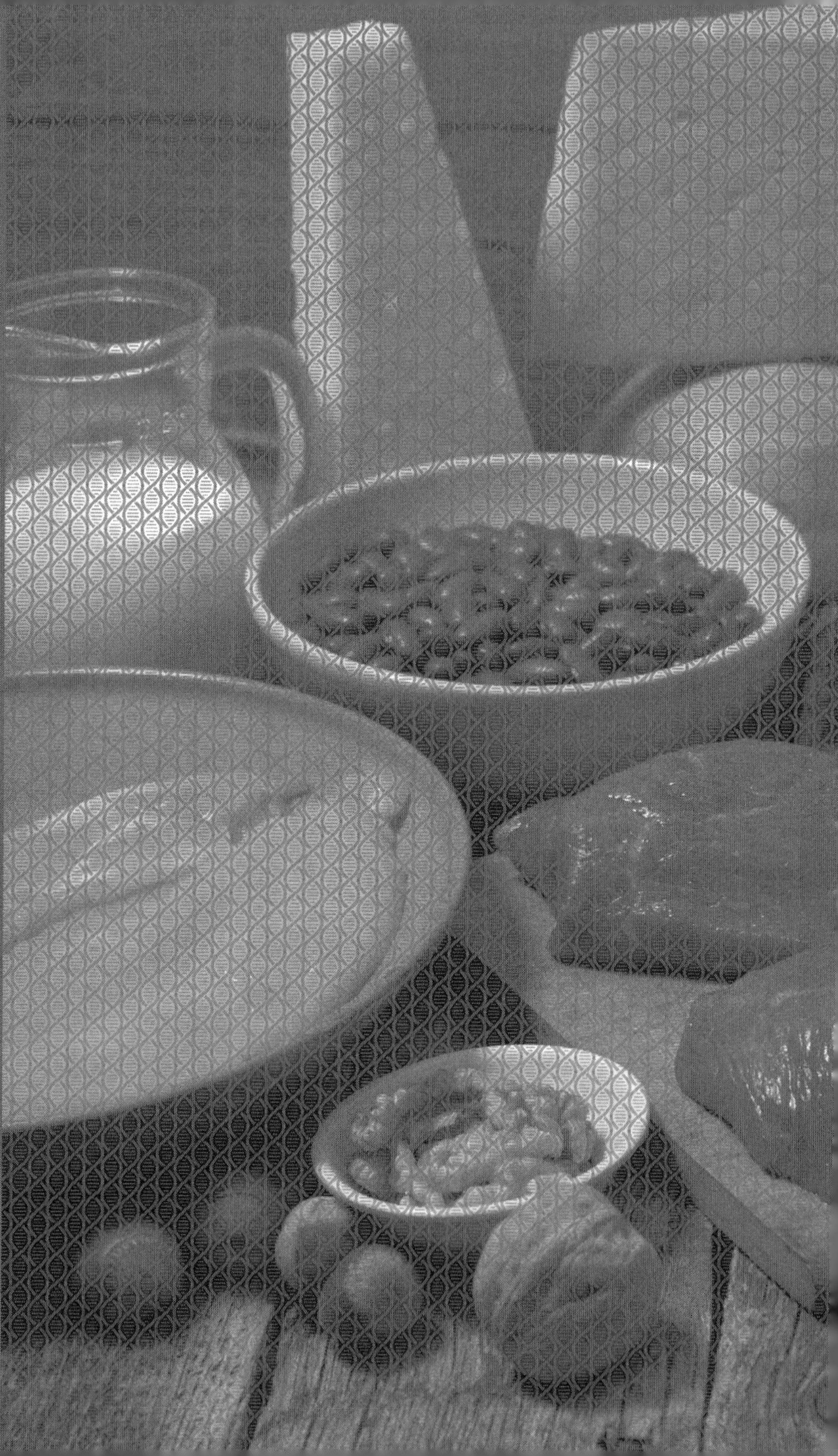

Capítulo 4

Proteína: construção e reparação

Enquanto o carboidrato é o principal nutriente para a preparação e a manutenção do esforço, a **proteína** domina a fase de recuperação do exercício. A principal vantagem dessa substância para o treinamento está em suas características plásticas de construção e de remodelação da musculatura, capaz de incentivar a **síntese de proteínas musculares (SPM)**, melhorar as estruturas de tendões e de ossos e realizar o reaproveitamento da proteína corporal (*turnover* proteico). A segunda grande vantagem do uso de proteína é a funcionalidade que os aminoácidos têm de serem usados como substrato energético de emergência no esforço, poupando glicogênio.

Neste capítulo, verificaremos o motivo de se usar a proteína como elemento de construção e demonstraremos o melhor momento para a ingestão dessa substância em relação ao exercício. Ao término da leitura, você, leitor, será capaz de identificar o papel da proteína alimentar para auxiliar o esforço em vegetarianos e distinguir os tipos de suplementos que são utilizados para reforçar o teor de proteína nas dietas.

4.1 Consumo de proteína antes do exercício

Doses estratégicas de proteína podem beneficiar tanto os atletas que precisam de maior resposta na SPM por conta do exercício resistido (como treinamento de hipertrofia) quanto os que necessitam de proteína como combustível extra após o esforço prolongado (a exemplo de praticantes de exercícios *ultraendurance*), além daqueles que estão se recuperando da perda de massa magra (afastados por lesões, por exemplo).

Com relação ao tipo de exercício executado, mesmo que o objetivo principal do atleta não seja a hipertrofia, o momento do consumo de proteína e a quantidade ingerida podem maximizar a adaptação metabólica do esportista ao treinamento (Thomas; Erdman; Burke, 2016). Dessa forma, podemos concluir que a quantidade de proteína a ser administrada vai depender da função esperada desse nutriente em relação à exigência do exercício. Outros aspectos que devem ser considerados para uma aplicação adequada de proteína são o estado de condicionamento físico (adaptação ao treinamento), a composição da dieta em relação aos outros nutrientes e, por fim, as escolhas pessoais.

Atletas mais condicionados requerem menos proteína do que os iniciantes, ou seja, os primeiros já estão mais adaptados às exigências metabólicas do exercício e contam com um sistema de reaproveitamento de aminoácidos mais eficiente. Da mesma forma, toda vez que há alteração no tipo de treinamento, por meio de novos estímulos musculares, há aumento da necessidade de proteína, até que ocorra a completa adaptação. Logo, a quantidade diária de proteína também varia muito de acordo com esses fatores, ou seja, não há um valor definido por atleta.

A composição da dieta também depende da disponibilidade de outros nutrientes para o fornecimento de energia, visto que, se há carboidrato em uma refeição, os aminoácidos ingeridos não precisam ser usados como combustível, isto é, podem ser direcionados unicamente para a síntese proteica. Por fim, quanto às escolhas pessoais, a adoção do vegetarianismo é a que mais acarreta consequências para o organismo. Abordaremos esse assunto na Seção 4.4 deste capítulo.

Enfim, as recomendações sobre ingestão de proteína não devem ser permanentes, pois precisam ser constantemente ajustadas. Isso não significa que precisamos ingerir uma quantidade elevada dessa substância para suprir qualquer necessidade corporal, pois o excesso pode ser transformado em gordura ou ser excretado sem ser absorvido. O odor dos compostos nitrogenados ao serem eliminados do corpo é bem característico – podemos percebê-lo no suor de atletas com alto consumo de suplementos proteicos.

Para equilibrar o teor de proteína tanto nas dietas de sedentários quanto nas de pessoas saudáveis em programas regulares de treinamento, a determinação da quantidade desse nutriente a ser administrada deve ser feita por meio do **balanço nitrogenado**. Esse cálculo se refere à diferença de nitrogênio (elemento que compõe os aminoácidos) presente na proteína consumida e na porção excretada, e os nutricionistas o utilizam para verificar se o consumo da substância está sendo suficiente, insuficiente ou excessivo, avaliando em conjunto o ganho de massa magra pelo volume muscular e a excreção de creatinina (indicativo de perda proteica) no sangue e na urina. Reforçamos, porém, que, para atletas, outros fatores são considerados, tornando a dieta mais específica de acordo com as necessidades de cada um.

Levando em conta o nível de atividade física diária, recomendam-se valores entre 0,8 (sedentários) a 2 gramas (atletas em recuperação de lesões) de proteína por quilograma de massa corporal por dia. Essa quantidade deve ser dividida entre todas as refeições, priorizando os momentos após o treinamento intenso.

Independentemente da quantidade de proteína que deve ser ingerida para a saúde ou para a prática de esportes, a fonte prioritária desse nutriente é a dieta. Por isso, é importante que as fontes alimentares sejam variadas e contemplem proteínas de alto valor biológico. Esse valor biológico indica se o perfil dos aminoácidos que compõem a proteína atende ao padrão desejável de aminoácidos requeridos pelo corpo (Mahan; Escott-Stump, 2002). Nesse sentido, a melhor fonte de proteína para a síntese muscular deve ser, preferencialmente, de origem animal, como os derivados de leite, porque são ricos em leucina e em aminoácidos de cadeia ramificada (ACR ou AACR) – em inglês, *branched-chain amino acid* (BCAA) (Thomas; Erdman; Burke, 2016).

Porém, não há estudos com resultados suficientes para definir as recomendações e a efetividade de outras proteínas com alta qualidade biológica – ovo, carne bovina, carne suína, proteína concentrada vegetal e outras – no estímulo à SPM. Assim, permanece a recomendação geral de se manter uma dieta variada, com consumo equilibrado de proteínas de diversas fontes alimentares, com ênfase para os laticínios. Mas somente o leite e seus derivados não apresentam quantidades de aminoácidos suficientes para suprir toda a demanda diária de proteína e de todos os outros nutrientes que são fornecidos por carnes, ovos e leguminosas (feijão e soja, por exemplo).

Importante!

Como diretriz oficial, o American College of Sports Medicine (ACSM) mantém sua posição de não recomendar suplementos de proteína, a não ser em casos específicos, como idosos, vegetarianos e atletas em fase de recuperação de lesões, sempre com foco em melhorar a qualidade total da dieta (Thomas; Erdman; Burke, 2016). Porém, a organização não se opõe ao uso desses suplementos por outros atletas, se for realizado um ajuste da dieta de base e se forem respeitados os alertas sobre a efetividade desses produtos. No Brasil, onde há consumo exagerado de suplementos alimentares – especialmente de aminoácidos e proteínas –, o cuidado ao recomendar seu uso deve ser maior.

Independentemente da quantidade ingerida ou das fontes escolhidas, o momento de utilização da proteína alimentar para um melhor aproveitamento do exercício físico depende, em parte, do tempo de digestão desse nutriente no organismo. O processo digestivo da proteína é demorado, como apresentamos no Capítulo 2. Dessa forma, não é recomendado o consumo de grandes quantidades de proteína antes do exercício. Mas ela pode ser utilizada em refeições em pré-treino, de 3 a 4 horas antes do início do esforço. Esse tempo poderá ser menor se nessas refeições a proteína for administrada na forma de aminoácidos, cuidando para evitar a alta osmolaridade da dieta e seus efeitos indesejáveis (como vômito e diarreia). Porém, não há comprovação suficiente dos benefícios de utilizar aminoácidos antes do esforço – o ideal permanece sendo o uso de carboidratos. Reforçamos, ainda, que o principal objetivo da proteína na alimentação do atleta é auxiliá-lo na fase de recuperação pós-exercício.

4.2 Consumo de proteína durante o exercício

Como vimos no Capítulo 2, há uma escala que indica a preferência do organismo por determinado substrato energético de acordo com a intensidade e a duração do esforço. Assim, podem ser usadas fontes de fosfocreatina, glicogênio e lipídios e, depois, a degradação da massa muscular para a utilização de aminoácidos que produzem energia. Todos esses sistemas funcionam quase simultaneamente, com maior participação de um ou de outro.

Nesse sentido, em algumas intensidades de esforço, é vantajoso fornecer aminoácidos como fonte de energia durante o exercício e, assim, retardar o esgotamento das reservas de glicogênio e prevenir ou adiar a degradação da massa muscular. Por isso, podemos dizer que os aminoácidos durante o esforço têm três funções: fornecer energia, conservar massa magra e favorecer a SPM durante a recuperação. Isso é possível porque há uma preferência à oxidação de nutrientes exógenos – que acabaram de ser consumidos – por nutrientes endógenos – que estão compondo as estruturas ou fazendo parte das reservas corporais (Miller et al., 2007).

Na prática, consumir aminoácidos essenciais durante o exercício normalmente implica a adição desses nutrientes a líquidos com carboidratos. Bebidas esportivas de carboidratos que contêm aminoácidos promovem melhores resultados em provas de ciclismo contra o relógio (velocidade) ou aquelas que envolvem fadiga (resistência), quando comparadas a bebidas que apresentam somente carboidratos de igual valor calórico (González; Daw; Lujan, 2015).

Entretanto, a maioria dos estudos que apontam benefícios do uso de aminoácidos durante o exercício se refere a provas de ultrarresistência, em que o esforço intenso deve ser realizado durante várias horas ou dias. Nessas modalidades, o rendimento depende do fato de o atleta conseguir manter ao máximo a integridade da massa muscular, sofrendo o menor desgaste possível, para evitar reduzir o potencial mecânico necessário ao movimento. Além disso, em geral, tais provas são realizadas ao ar livre, com exposição ao ambiente, o que representa uma maior exigência física do competidor para se adaptar às condições climáticas, com maior perda de fluidos e de energia – ou seja, com efeito térmico do exercício (ETE) elevado.

Como exemplo dessa situação, um estudo (Cathcart et al., 2011) sobre a inclusão de proteínas em bebidas esportivas com carboidratos avaliou a eficiência daqueles nutrientes em participantes do desafio de *mountain bike* Transalp Challenge, no qual ciclistas devem cruzar os Alpes em uma prova que dura 8 semanas. No caso dessa competição, que envolve esforço intenso durante vários dias e exposição ao ambiente, os autores verificaram que os participantes que fizeram uso de proteína durante o exercício obtiveram menor perda de massa corporal e melhor capacidade de termorregulação (Cathcart et al., 2011).

Esse resultado evidencia que exercícios físicos de ultrarresistência parecem se beneficiar da inserção de proteínas nas bebidas durante o esforço, retardando o tempo de percepção da fadiga, possivelmente em virtude da energia extra fornecida pelos nutrientes e do efeito conservador da musculatura. Nesse caso, como o gasto energético é muito grande, os nutrientes precisam chegar até o atleta, pois ele não terá como interromper a prova para buscar alimento. Essa situação ilustra como é essencial planejar uma estratégia de hidratação e suplementação que possa ser praticada no local de treino e realizada futuramente na competição para que o atleta possa se nutrir adequadamente antes de exaurir suas reservas corporais.

Em outra pesquisa (Pasiakos et al., 2015), verificou-se que a função da suplementação proteica durante o esforço de poupar aminoácidos musculares pode interferir no grau de SPM e melhorar o balanço proteico de todo o corpo durante a recuperação, independentemente do tipo de atividade – seja ela resistida, seja de *endurance*. A diferença em relação ao tipo de treinamento é que, no exercício resistido, o estímulo da SPM é mais localizado do que geral, enquanto que, ao final da atividade de *endurance*, o esforço estimulará a SPM em diversos grupos musculares envolvidos com a manutenção do movimento prolongado (estímulo generalizado).

Podemos comparar o momento da suplementação, seja de carboidratos, seja de proteínas, seja de fluidos com eletrólitos, à parada nos *boxes* das corridas de Fórmula 1, visto que o atleta precisa pegar o suplemento, ingeri-lo, absorver seus nutrientes e retomar o ritmo de prova sem que haja prejuízo de seu desempenho. Assim, para cada competição, uma estratégia diferente deve ser elaborada e treinada. Para tanto, aspectos como mapeamento do percurso, altimetria, localização dos pontos de hidratação e alimentação disponibilizados pela organização da prova e o tipo de ajuda externa que poderá ser fornecido representam informações importantes para o planejamento.

Em algumas modalidades, como o triatlo, não é possível assessorar o atleta no decorrer da competição. Por isso, cada participante deve carregar consigo todos os suplementos de que precisará até o fim da prova. Em travessias de aventura, os competidores também devem carregar consigo seus suplementos, ou seja, é preciso considerar também o peso a ser carregado como fator limitante para o rendimento esportivo. Contudo, de acordo com o levantamento bibliográfico de González, Daw e Lujan (2015), ingerir proteína durante o exercício pode ser um tema controverso, pois as pesquisas ora apontam sua efetividade, ora não encontram resultados suficientes que justifiquem sua aplicação.

||| *Importante!*

Na literatura, além das provas de ultrarresistência, há indícios que comprovam que a suplementação de proteína causa melhora no rendimento em competições esportivas com duração ou com distância determinadas, bem como naquelas realizadas até o esgotamento, nas intervaladas e nas realizadas em momentos diferentes de um mesmo dia. Porém, enquanto não houver um bom número de estudos que comprovem a eficiência dessa suplementação, usar proteína durante o exercício em outras modalidades requer cautela quanto à dose e ao tipo de aminoácido usado e, principalmente, a observação dos resultados e das reações individuais.

4.3 Consumo de proteína após o exercício

O melhor momento para o consumo de proteína é na **recuperação pós-exercício**, pois, nessa fase, a ingestão desse nutriente será mais importante do que em outros momentos do dia. Anteriormente, verificamos que atletas que ingeriram aminoácidos antes ou durante o esforço apresentaram maior preservação de proteínas corporais do que aqueles que não usaram o nutriente. E essa relação tende a ser mais evidente após exercícios intensos.

Além disso, a capacidade que os aminoácidos têm de se recombinarem para a construção, a reparação e a modelagem de tecidos faz com que tenham papel fundamental na recuperação de lesões. Nesse caso, para atletas em regeneração, a quantidade de proteína alimentar deve permanecer similar à do consumo habitual na fase de treinamento, mas deve ser feito um ajuste da energia dos demais nutrientes para manter a composição corporal próxima à dos valores ideais para competições e evitar ganho de peso excessivo.

Na fase de **recuperação imediata** (de 0 a 2 horas após o exercício), a ênfase do metabolismo é estimular a SPM para a recuperação das estruturas desgastadas com os movimentos, pois o organismo está mais sensível à ingestão de proteínas dietéticas. A sugestão, nesse caso, é consumir 0,3 grama de proteína por quilograma de massa corporal imediatamente após a realização de exercícios que estimulem a SPM, como os treinamentos resistido, intermitente e concorrente, além dos exercícios de ultrarresistência já mencionados. No entanto, deve-se ter atenção ao tipo de proteína a ser administrado e à abrangência da SPM (localizada ou generalizada), sendo o exercício resistido o que mais estimula a regeneração muscular (Thomas; Erdman; Burke, 2016).

A suplementação proteica deve ser composta por aminoácidos essenciais, e a forma de ingestão preferencial é por meio de líquidos ou géis – para que haja uma absorção mais rápida – e em conjunto com carboidratos – para fornecer um bom perfil de aminoácidos e energia suficiente para a ressíntese muscular. Lembramos que esse é um período de grande catabolismo e de termogênese elevada, que pode ser acompanhado de uma redução no apetite, com casos de aversão ao suplemento após esforços muito intensos.

Assim, é interessante começar a recuperação com uma bebida rica em fluidos e eletrólitos para promover a hidratação e estimular uma adaptação progressiva ao consumo de suplementos mais densos. Nesse sentido, cada atleta apresenta uma diferente velocidade de assimilação do suplemento pós-treino. Logo, é preciso ter paciência para encontrar a melhor relação entre a janela catabólica e a tolerância individual aos nutrientes.

Durante a **recuperação tardia**, a mesma quantidade – 0,3 grama de proteína por quilograma de massa corporal – pode ser repetida a cada 3 a 5 horas, nas refeições seguintes (Thomas; Erdman; Burke, 2016) mas somente se houver necessidade, pois deve ser levado em conta o valor de proteínas contido nos alimentos.

Anteriormente, comentamos que cada tipo de treinamento apresenta um tempo de recuperação tardia de acordo o estímulo exigido pelo exercício; assim, cada esforço exige cargas de proteína diferentes. Nesse sentido, a Tabela 4.1, exposta a seguir, apresenta as recomendações de proteínas diárias de acordo com o nível de atividade física e o tipo de treinamento.

Tabela 4.1 Recomendações diárias de proteína de acordo com o nível de atividade física e o tipo de exercício físico

Nível de atividade física e tipo de esforço	Quantidade diária por quilograma de massa corporal
Sedentários	0,8 grama
Praticantes regulares de exercícios físicos	De 1,2 a 1,4 grama
Atletas em treinamento de hipertrofia	De 1,6 a 1,8 grama
Atletas em treinamento de *endurance*	De 1,2 a 1,6 grama
Atletas em recuperação de lesões	Até 2 gramas

Fonte: Elaborado com base em Thomas; Erdman; Burke, 2016, p. 511; Hernandez; Nahas, 2009, p. 8.

Os valores indicados nessa tabela devem ser distribuídos ao longo do dia, em especial nas refeições durante a fase pós-treino (período catabólico). Por exemplo, a SPM provocada pelo treinamento resistido pode perdurar por 24 horas, mas não é necessário acordar de madrugada para tomar suplementos, pois o período de sono também é necessário para a saúde e a recuperação do atleta. Toda a carga proteica recomendada que não for consumida no período pós-treino deverá ser disposta em todas as refeições seguintes, considerando-se as proteínas de alto valor biológico. A Figura 4.1 exemplifica as recomendações gerais para o uso de proteínas em relação ao momento do exercício físico.

Figura 4.1 Uso nutricional de proteína em relação ao exercício físico

Pré-exercício
Até 4 horas antes
Ingerir aminoácidos a partir de uma hora de esforço, de acordo com a intensidade (funções: poupar glicogênio, poupar massa magra)

Durante o exercício de resistência ou intermitente
Ingerir aminoácidos de acordo com a intensidade (funções: poupar glicogênio, poupar massa magra)

Durante o exercício resistido
Ingerir aminoácidos de 0 a 2 horas após o fim do esforço (função: favorecer a SPM)

Pós-exercício
Ingerir aminoácidos de 0 a 2 horas após o fim do esforço (função: favorecer a SPM)

Pós-exercício
Ingerir proteínas de 2 a 4 horas após o fim do esforço (funções: regeneração e reconstrução)

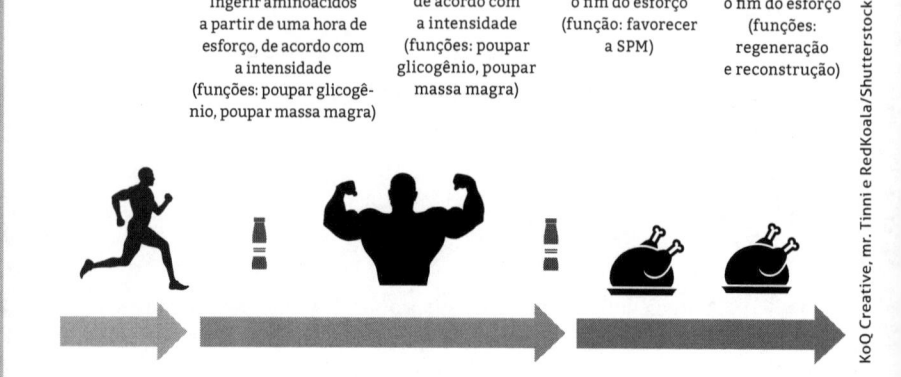

KoQ Creative, mr. Tinni e RedKoala/Shutterstock

Perguntas & respostas

1. No caso de atletas que têm restrições alimentares – como o vegetarianismo –, como deve ser a suplementação proteica?

   Dietas restritivas, como o vegetarianismo, por exemplo, podem afetar o consumo adequado de proteínas, por se basearem em alimentos cujo valor biológico desses nutrientes é baixo. Dessa forma, atletas que adotam essas dietas precisam de atenção maior quanto à carga proteica na recuperação após o exercício, conforme veremos na seção a seguir.

4.4 Consumo de proteína por atletas vegetarianos ou veganos

O padrão alimentar de uma pessoa, como observamos no Capítulo 1, depende da cultura, do ambiente social e das escolhas pessoais. Não comer carne ou produtos de origem animal é uma decisão que pode ser adotada de forma equilibrada se o indivíduo for orientado a fazer as substituições de nutrientes necessárias para assegurar sua saúde. Para o desempenho esportivo, no entanto, essa condição é um fator complicador para algumas modalidades, dependendo de quanto mais restrito for o consumo do atleta, isto é, existem diferentes graus de restrição voluntária para alimentos de origem animal, conforme a classificação a seguir:

- **Semivegetarianos** – Não consomem carne vermelha, mas comem frango, peixes, ovos e leite. Vale ressaltar que nem todos os nutricionistas concordam com o termo *semivegetarianismo* – em alguns locais do Brasil, o fato de alguém não comer churrasco já é suficiente para que seja chamado de "vegetariano".
- **Ovolactovegetarianos** – Não comem nenhum tipo de carne, mas se alimentam de ovos e laticínios.
- **Lactovegetarianos** – Não se alimentam de carnes nem de ovos.
- **Ovovegetarianos** – Não ingerem carnes nem leite.
- **Vegetarianos completos ou veganos** – Não consomem carnes, ovos ou leite e seus derivados. Nesse último grupo, a restrição se estende a todos os alimentos elaborados com os produtos evitados. Os indivíduos que adotam esse estilo alimentar consomem somente frutas, sementes, vegetais, grãos e derivados, além de não comprarem, vestirem ou usarem produtos que tenham sido testados em animais ou que gerem sofrimento animal.

Existem outras variações de dietas vegetarianas, como aquelas que só permitem a ingestão de frutas ou de sementes, mas seus praticantes raramente estão envolvidos em esportes de competição com grande dispêndio de energia. Algumas vezes, o indivíduo adota um desses comportamentos alimentares por ele se adequar ao seu estilo de vida, considerando sua saúde e sua forma de pensar e agir. Em outros casos, há a tendência de o sujeito progredir em sua restrição até um estado de ausência total de produtos animais em sua dieta. Por isso, é preciso ter uma boa conversa com as pessoas veganas para compreender seu modo de vida, principalmente antes de lhes propor o uso de algum produto, como um simples filtro solar, por exemplo. Acima de tudo, é preciso respeitar as escolhas pessoais e encontrar estratégias que não coloquem os atletas veganos em discordância com seus princípios. Os desafios nutricionais para os que seguem essas dietas são maiores quanto mais grupos alimentares forem retirados da alimentação.

O objetivo principal de um nutricionista que trabalha com um atleta vegetariano é buscar a compensação de sua dieta, isto é, equilibrar as necessidades diárias de energia e de nutrientes com fontes alimentares de origem vegetal e suplementos vitamínicos, minerais e proteicos. O segundo objetivo é proporcionar uma combinação de proteínas com alto valor biológico no momento de recuperação imediata após o exercício (fase de maior SPM). Normalmente, para atletas veganos, o uso de suplementos de aminoácidos é primordial, pois as proteínas de origem vegetal apresentam concentrações desiguais de aminoácidos essenciais e, por isso, eles precisam ser consumidos em grande quantidade, principalmente nos momentos em que não há tempo para refeições volumosas.

Um terceiro objetivo é suprir as fontes adicionais de ferro, vitamina B12 e vitaminas antioxidantes C e E, para evitar que o atleta apresente quadros de anemia e de fragilidade de membranas, principalmente se a modalidade praticada for caracterizada por pequenos e constantes impactos, como a corrida de rua. Esse tipo de atividade pode provocar a ruptura de hemácias em indivíduos suscetíveis a esse problema e, como efeito, desenvolver anemia.

Assim como ocorre com atletas cujas dietas não são restritivas, mas são desequilibradas, os vegetarianos podem experimentar uma queda na imunidade adquirida pelo alto desempenho.

Portanto, alguns suplementos específicos são recomendados para eles, como zinco, iodo, vitamina B12, ácido docosa-hexaenoico (DHA), vitamina D e taurina (Fuhrman; Ferreri, 2010).

Outras recomendações para atletas que adotam dietas vegetarianas não são distintas daquelas referentes a dietas balanceadas: reforçar o consumo de feijão, verduras, sementes, oleaginosas e grãos integrais nas refeições diárias, com atenção para o conteúdo total de proteínas ingeridas na fase de recuperação do esforço. Além disso, esportistas vegetarianos de alto rendimento precisam ter o acompanhamento de um nutricionista esportivo para garantir o equilíbrio no aporte de nutrientes essenciais.

4.5 Aminoácidos e hiperproteicos

Existem dois grupos de suplementos esportivos relacionados às proteínas: os aminoácidos e os hiperproteicos. Suplementos com **aminoácidos** apresentam a vantagem de poupar a digestão das proteínas, ou seja, favorecem a absorção quase imediata de seus componentes, dependendo apenas da disponibilidade de transportadores de aminoácidos na parede intestinal.

No Capítulo 2, mencionamos que oito aminoácidos são considerados essenciais, entre os quais estão a leucina, a isoleucina e a valina, aminoácidos de cadeia ramificada (ACR ou AACR) – em inglês, *branched-chain amino acid* (**BCAA**) –, bastante pesquisados e usados em nutrição esportiva.

Perguntas & respostas

1. **Qual a vantagem dos BCAA?**

    A vantagem dos BCAA está no fato de sua absorção ser muito mais rápida que a das proteínas e há indícios de que eles cumprem uma função muito específica relacionada à tolerância ao esforço prolongado. Os BCAA modulam a captação de triptofano (outro aminoácido) pelo sistema nervoso central, controlando, dessa forma, a formação de serotonina. Com menos triptofano livre, menor é a sensação de fadiga em esforços prolongados. Porém, a Sociedade Brasileira de Medicina do Exercício e do Esporte (SBME) concluiu que "esses dados, relatados em alguns estudos, são pouco reprodutivos, não sendo justificável seu consumo com finalidade ergogênica" (Hernandez; Nahas, 2009, p. 8).

Outros aminoácidos com potencial ergogênico são a glutamina (relacionada ao reforço do sistema imunológico e à recuperação de lesões), a ornitina e a arginina, além de outro composto derivado da leucina, mas que não é um aminoácido: o beta-hidroxi-beta-metilbutirato (HMB). Destes, somente o HMB tem eficiência comprovada nos termos exigidos pela SBME, mas

> *ainda faltam estudos científicos que comprovem de maneira inequívoca a eficácia do suplemento nessa ação ergogênica, a não ser em algumas situações específicas, como é o caso de populações de idosos que participam de programas de exercícios físicos visando o ganho de força muscular. Para a população em geral, mesmo quando se trata de atletas de competição, não existe recomendação para seu uso, devendo prevalecer a orientação de que não se deve usar.* (Hernandez; Nahas, 2009, p. 9)

Já os **hiperproteicos** estão, junto com os aminoácidos, no topo dos suplementos mais consumidos no esporte amador brasileiro. *Hiperproteico* é o produto ou a refeição em que 50% de sua composição é de proteínas (Brasil, 2010), conforme o Quadro 4.1. Em relação ao exercício, é usado como complemento da dieta em pequenas refeições e na alimentação na fase da recuperação tardia. Por conter grande concentração de proteínas, e com isso, apresentar digestão mais demorada, não é indicado para uso imediatamente antes ou depois do esforço e durante sua realização. Para esses momentos, os mais indicados são os aminoácidos.

Quadro 4.1 Características de suplementos hiperproteicos[1]

Energia por porção	Variada
Teor de carboidratos	Pode conter pequenas quantidades
Teor de proteínas	50%
Teor de lipídios	Ausente

Os hiperproteicos utilizam variadas fontes de proteínas, tanto isoladas quanto combinadas. Por vezes, a combinação de diferentes tipos desses nutrientes causa mais efeitos indesejáveis – como problemas de digestibilidade, odor desagradável na pele e flatulência – do que a utilização de uma única fonte. Alguns tipos de proteína comumente utilizados nesses produtos são a do soro do leite (*whey protein*, em inglês), a caseína ou caseinato, a proteína de soja ou isoflavona, a albumina (*egg protein*) e os hidrolisados proteicos de carne (*beef protein*). Apresentamos os nomes de algumas dessas substâncias também em inglês por serem comumente encontrados em suas embalagens.

Dentre todas elas, a *whey protein* tem sido bastante difundida entre esportistas, pois suas proteínas "são altamente digeríveis e rapidamente absorvidas pelo organismo, estimulando a síntese de proteínas sanguíneas e teciduais" (Sgarbieri, 2004, p. 399). Por sua origem ser o leite, a *whey protein* é rica em leucina, aminoácido fundamental para desencadear o processo de síntese global de proteínas musculares e, assim, favorecer a construção muscular. "Quando a caseína é removida do leite desnatado, o líquido remanescente recebe o nome de soro do leite. [...] As proteínas do soro representam cerca de 20% das proteínas do leite" (Sgarbieri, 1996, p. 149).

A grande vantagem dos hiperproteicos é concentrar quantidades maciças de proteínas em uma dose, diferentemente

---

[1] A informação referente ao teor de proteínas encontra-se na Resolução de Diretoria Colegiada RDC n. 18, de 27 de abril de 2010 (Brasil, 2010), publicada pela Agência Nacional de Vigilância Sanitária (Anvisa).

da maioria dos alimentos proteicos *in natura* e de forma isolada, ou seja, não há ingestão conjunta de gorduras. Por exemplo, o leite de vaca apresenta em sua composição apenas 0,6% de proteínas de soro e 2,9% de caseínas (Sgarbieri, 1996, p. 140). Porém, a longo prazo, o excesso de alimentos ou de suplementos proteicos pode levar ao aumento da excreção de cálcio pela urina (hipercalciúria), devido à maior acidez urinária (Barzel; Massey, 1998).

Além de perder cálcio, prejudicando a saúde óssea, o aumento desse mineral nos rins pode antecipar o surgimento de problemas renais em pessoas suscetíveis (com história pessoal ou familiar). Algumas proteínas usadas em suplementos podem aumentar o desconforto intestinal, em virtude de uma maior produção de gases, como a albumina e as misturas proteicas.

Importante!

As proteínas são alimentos ácidos. Por isso, a ingestão em excesso dessas substâncias pode desequilibrar a relação ácido-base do organismo, se o mecanismo tamponante natural (sistema do bicarbonato) não estiver ajustado. Assim como os suplementos podem ou não exercer efeitos ergogênicos, os resultados indesejáveis de seu uso também podem ou não aparecer, ou seja, seu funcionamento depende muito das características individuais de cada atleta.

Síntese

Para finalizar este capítulo, preparamos um quadro que sintetiza os principais conteúdos abordados.

Quadro 4.2 Síntese do Capítulo 4

1	A proteína realiza três funções: favorece a síntese de proteína muscular (SPM), fornece energia extra quando necessário e poupa os músculos de sofrer degradação durante o exercício. Além disso, desempenha um importante papel na recuperação de lesões e é capaz de recombinar os aminoácidos que a compõem com aminoácidos endógenos, construindo, assim, novas proteínas (*turnover*).
2	A quantidade de proteína necessária varia com a exigência da fase de treinamento, o estado do condicionamento físico, a composição da dieta e as escolhas pessoais do atleta. Porém, recomenda-se a ingestão de 0,8 a 2 gramas por quilograma de massa corporal por dia. O excesso de proteínas na dieta pode aumentar a excreção de cálcio, causando fragilidade óssea e tendência ao desenvolvimento de problemas renais em pessoas suscetíveis, além de aumento da produção de gases intestinais e desequilíbrio da relação ácido-base do organismo.
3	Não há benefícios comprovados do uso de proteína antes do exercício. Porém, na forma de aminoácidos, elas podem ser usadas durante esforços intensos e prolongados, como em provas de ultrarresistência. O principal momento para a administração de proteína é a fase de recuperação, pois essas substâncias fornecem aminoácidos para a regeneração muscular. A sugestão é ingerir 0,3 grama de proteína por quilograma de massa corporal imediatamente após exercícios que estimulem a SPM, como o treinamento resistido.
4	Hiperproteicos são suplementos com, no mínimo, 50% de proteínas em sua composição. Os suplementos de aminoácidos facilitam a digestão e podem ter funções específicas, como o controle da fadiga central pela captação de triptofano livre. A proteína mais utilizada em hiperproteicos é a do soro do leite (*whey protein*).
5	Os suplementos de proteína somente são indicados em casos específicos, como idosos, vegetarianos e atletas em fase de recuperação de lesões. Outros usos por esportistas, como na recuperação em pós-exercício e em provas de ultrarresistência, podem ser recomendados, contanto que haja um equilíbrio entre a suplementação, a dieta de base e os outros nutrientes, em especial os carboidratos.

Atividades de autoavaliação

1. Leia o seguinte trecho: "Quando questionados a respeito do macronutriente que deve estar em maior proporção na dieta, 66% dos participantes [...] assinalaram a proteína e 33% assinalaram o carboidrato. [...] Este é um erro cometido não só por praticantes de atividade física como também por atletas profissionais" (Lopes et al, 2015, p. 455).

   Com base no trecho lido e nos conteúdos sobre as funções das proteínas em relação ao esforço, assinale a alternativa correta:

   a) As proteínas têm como função principal fornecer energia para o esforço.

   b) As proteínas ajudam a manter a concentração e o foco durante o esforço.

   c) As proteínas podem fazer parte da refeição em pré-treino na forma de aminoácidos.

   d) As proteínas suprem a necessidade de consumir carboidratos.

   e) As proteínas da dieta, no início de um programa de exercícios, devem ter sua quantidade aumentada.

2. Avalie o fragmento de texto a seguir:

   > Tradicionalmente, uma forte crença no ambiente esportivo é que a alta ingestão proteica ou de aminoácidos aumentaria força e massa muscular. Não podemos negar que a ingestão destes nutrientes são essenciais [sic] para a síntese de estruturas corporais e estão envolvidos em inúmeros mecanismos metabólicos associados com o exercício. (Goston; Mendes, 2011, p. 17)

   De acordo com esse trecho e com os conteúdos sobre uso de proteínas e aminoácidos, indique a alternativa correta em relação à suplementação proteica durante o esforço:

a) O objetivo geral é ingerir aminoácidos para poupar glicogênio e proteínas musculares.
b) Os aminoácidos essenciais em atletas de *endurance* não têm relação com a fadiga.
c) As proteínas devem ser ingeridas assim que o exercício de força é iniciado.
d) Os aminoácidos essenciais são a melhor escolha para treinos de alta intensidade e curta duração.
e) O consumo de proteínas durante o esforço é necessário para a síntese de proteínas musculares.

3. Considere o seguinte excerto: "A ingestão de aminoácidos essenciais após o treino intenso, adicionados a soluções de carboidratos, determinaria maior recuperação do esforço seguido de aumento da massa muscular" (Hernandez; Nahas, 2009, p. 8).

Considerando esse trecho e os conteúdos sobre a participação dos aminoácidos no desempenho, marque a alternativa correta em relação à síntese de proteínas musculares (SPM):

a) Somente suplementos de aminoácidos são suficientes para estimular a SPM.
b) A SPM será maior na recuperação imediata se houver consumo de aminoácidos e carboidratos.
c) A SPM provocada pelo treino de hipertrofia produz o mesmo tipo de proteína que o treino de resistência.
d) A inclusão de proteínas em todas as refeições não interfere na SPM após o treinamento.
e) A SPM não ocorrerá se não houver suplementação de aminoácidos no pós-treino.

4. Leia a citação a seguir:

> A composição nutricional de uma dieta varia de acordo com os objetivos propostos para cada indivíduo. Depende ainda de fatores socioeconômicos e culturais, devendo ser agradável ao paladar e visualmente atraente, tomando sempre como base as diretrizes nutricionais cientificamente fundamentadas, a dieta para um paciente, deve ser ajustada de acordo com as necessidades individuais e as características peculiares de cada região do Brasil. (Santos et al., 2013, citados por Gonçalves et al., 2017, p. 12)

Após a leitura dessa citação e com base nos conteúdos sobre dietas vegetarianas, aponte a alternativa que apresenta situações de risco para atletas veganos:

a) Anemia ferropriva e hipoglicemia de rebote.
b) Baixa síntese de proteína muscular mesmo com dieta equilibrada.
c) Recuperação demorada de lesões esportivas.
d) Doenças cardiovasculares e anemia por falta de vitamina B12.
e) Uso de creatina e suplementos de proteínas à base de soja.

5. Leia atentamente a seguinte passagem:

> No que concerne a nutrição esportiva, os ACR [...] podem promover anabolismo proteico muscular, atuar em relação à fadiga central, favorecer a secreção de insulina, melhorar a imunocompetência, diminuir o grau de lesão muscular induzido pelo exercício físico e aumentar a *performance* de indivíduos que se exercitam em ambientes quentes. (Rogero; Tirapegui, 2008, p. 564)

Considerando essas informações e os conteúdos sobre o uso de suplementos hiperproteicos, destaque a alternativa que contém aminoácidos utilizados como suplementos:

a) *Whey protein* e taurina.
b) Caseinato e lactoalbumina.
c) Albumina e avidina.
d) Isoflavona e proteína do arroz.
e) Leucina, valina e isoleucina.

■ Atividades de aprendizagem

Questões para reflexão

1. Após anos de treinamento intenso enriquecido pelo uso de suplementos de proteína, um fisiculturista do seu local de trabalho se ausenta dos treinos por estar sofrendo com cálculos renais. Existe a possibilidade de que o estilo de vida dele tenha contribuído para esse problema? Justifique sua resposta.

2. Um aluno idoso está treinando para adquirir fortalecimento com o objetivo de reduzir a sarcopenia (perda de massa muscular advinda do envelhecimento). O nutricionista indicou o uso de BCAA logo na fase de recuperação imediata após os exercícios para melhorar os resultados. Por que ele fez essa recomendação?

Atividade aplicada: prática

1. Visite uma loja de suplementos esportivos e pergunte ao vendedor o que se deve tomar para aumentar a massa magra. Questione-o sobre a necessidade do suplemento que ele indicar e descubra quais são as características do produto. Verifique o que está mencionado na embalagem e compare com o que discutimos neste capítulo. Faça uma reflexão sobre o uso coerente de suplementos e o aumento do comércio desses produtos.

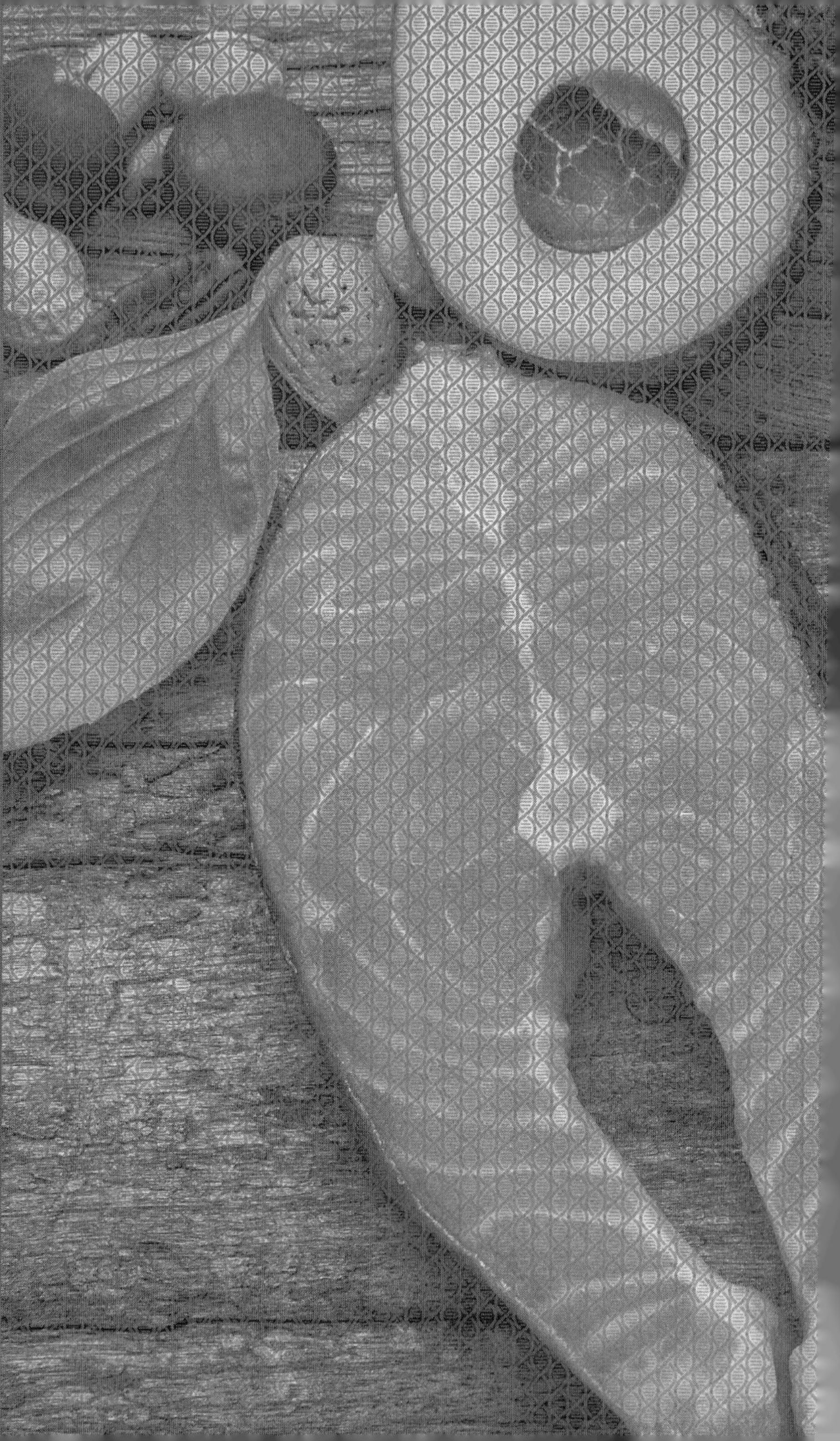

Capítulo 5

Lipídios e estresse oxidativo

Os **lipídios** são os coadjuvantes do sistema de energia, apesar de serem moléculas muito energéticas que fornecem em torno de 9 kcal (quilocalorias) por grama oxidada, quase o dobro dos carboidratos e das proteínas (os dois fornecem mais ou menos 4 kcal por grama). Como a digestão e a oxidação dos lipídios são demoradas, essas substâncias são importantes para o exercício somente alguns minutos após o início do esforço.

Assim, como fontes de energia, eles são importantes em provas longas, predominantemente aeróbias, e de intensidade moderada, visto que são nutrientes que precisam de oxigênio para serem convertidos em adenosina trifosfato (ATP) – ou seja, sofrem oxidação. Já em provas curtas de alta intensidade, os lipídios não conseguem colaborar com calorias para o exercício em si, mas podem participar dos processos de recuperação, fornecendo energia, elementos antioxidantes e vitaminas lipossolúveis para combater o estresse oxidativo gerado pelo treinamento.

Neste capítulo, abordaremos a diferença entre os tipos de lipídios existentes na alimentação e discutiremos a influência desses nutrientes nos exercícios. Após a leitura, você, leitor, será capaz de identificar quais tipos de lipídios podem trazer efeitos ergogênicos e qual é a participação deles na redução do estresse oxidativo, além de reconhecer outros nutrientes de ação antioxidante.

5.1 Lipídios no exercício

Sabemos que o alto consumo de proteínas nas dietas é frequentemente associado à elevada ingestão de lipídios (gorduras), como discutimos no Capítulo 1, quando analisamos os padrões alimentares de praticantes de exercício. As dietas ricas em lipídios, além de intensificar o desenvolvimento de problemas cardiovasculares pelo maior teor de gorduras saturadas e colesterol, reduzem a disponibilidade da principal fonte energética para o esforço, pois o indivíduo come mais gorduras do que carboidratos. No entanto, é desejável utilizar lipídios durante o exercício com a intenção de poupar glicogênio para os momentos em que reações rápidas ou picos de força em velocidade são necessários.

Como combustível para o exercício, podemos encontrar lipídios na forma de ácidos graxos livres, triglicerídios (TG) intramusculares e tecido adiposo. Normalmente, as reservas desses nutrientes são mobilizadas no esforço prolongado, como em atividades de *endurance*. A utilização dessas substâncias como fontes de energia durante exercícios de longa duração é muito importante, já que elas representam o principal estoque de energia corporal – a quantidade de lipídios presentes no organismo chega a ser 60 vezes maior do que a do glicogênio (Curi et al., 2002). Como se trata de um substrato que exige oxigênio para ser convertido em energia, sua oxidação durante o esforço pode ter influência no estresse oxidativo, conforme analisaremos mais adiante.

Porém, com o treinamento, o exercício em si não provoca adaptações de forma a oxidar mais lipídios, aumentando a economia de carboidratos, mas é possível ampliar a utilização das gorduras mediante o jejum, a ingestão aguda de lipídios no pré-treino e a exposição crônica a dietas ricas em gorduras e pobres em carboidratos, se o exercício subsequente for de moderada intensidade (Thomas; Erdman; Burke, 2016). Para práticas de alta intensidade, a melhora na mobilização de gordura como substrato para o exercício não aumenta o rendimento – pelo contrário, pode prejudicá-lo. Contudo, antes de tentar aplicar essas estratégias, é necessário contabilizar se as vantagens para o rendimento serão maiores do que os riscos de aumentar os lipídios da dieta ou de treinar em jejum.

No caso da ingestão aguda de lipídios em pré-exercício, recomenda-se o uso de um tipo específico de alta velocidade de esvaziamento gástrico, o **triglicerídeo de cadeia média (TCM)**. Assim, não é orientando alunos a ingerir gorduras antes do esforço que provocaremos maior oxidação das reservas lipídicas. Refeições ricas em gorduras demoram a ser digeridas, exercendo o efeito oposto: gastam mais carboidratos para tentar realizar o movimento e a digestão ao mesmo tempo, dificultando a execução do exercício. Além disso, recorrer a dietas ricas em gorduras para, com o tempo, melhorar o uso que o organismo faz dos lipídios provoca adaptações que reduzem a flexibilidade metabólica.

Isso significa que, mesmo que carboidratos e lipídios forneçam ATP durante o exercício, ter maior disponibilidade de um limita o uso do outro e, logo, há redução da capacidade do organismo de usar diferentes combustíveis. Uma menor flexibilidade metabólica, nesse caso, não é interessante em atividades de alta intensidade, em que o glicogênio é essencial. Por isso, é importante ressaltar que a efetividade dessa estratégia depende de que sua aplicação ocorra somente antes de exercícios moderados. Assim, a melhor tática é orientar os atletas a reduzir o valor total de gorduras da dieta – já que tal consumo costuma ser alto em praticantes de exercícios regulares – principalmente evitando a ingestão de gorduras em momentos próximos aos do exercício.

Importante!

Não é recomendável reduzir cronicamente a ingestão dietética de gorduras. Segundo Hernandez e Nahas (2009, p. 5), "Estudos sugerem que níveis abaixo de 15% do VET já produzem efeitos negativos", pois isso acarreta a restrição de vários grupos alimentares que levam ao baixo consumo de vitaminas lipossolúveis e de ácidos graxos essenciais, nutrientes envolvidos nos processos anti-inflamatórios e antioxidativos.

A redução do consumo de lipídios para valores abaixo do percentual mínimo pode ocorrer, mas nunca de forma crônica. Por exemplo, a diminuição pode ser aplicada no período pré-competição, para auxiliar na perda de peso ou modificar a composição corporal. Como debatemos no Capítulo 2, as modificações na composição corporal devem ocorrer ao longo dos ciclos de treinamento, para que, na fase final da definição muscular, a redução drástica das gorduras da dieta possa ser feita por curto período de tempo, na intenção de que não cause complicações à saúde do atleta.

Em atletas, de maneira geral, outro cuidado a ser tomado é que o consumo total de energia (VCT) deve corresponder a mais calorias do que as 2 000 kcal recomendadas à população saudável. Ou seja, é possível que a quantidade total de lipídios em dietas de atletas seja maior do que a ideal para a saúde. Assim, a recomendação para esse público é que as fontes de lipídios devem ser principalmente ácidos graxos mono e poli-insaturados, especialmente dos grupos essenciais, como mostra a Figura 5.1.

Figura 5.1 Distribuição recomendada do total de lipídios na dieta

- AG saturados 20%
- AG monoinsaturados 55%
- AG poli-insaturados 25%

5.2 Grupo ômega

Para nos referirmos aos ácidos graxos insaturados, podemos usar a sigla **Mufa** (do inglês *monounsaturated fatty acids*) para os monoinsaturados e **Pufa** (do inglês *polyunsaturated fatty acids*) para os poli-insaturados.

Esses ácidos estão presentes nas mesmas fontes de gordura nos alimentos, porém, em proporções variadas. Assim, óleos vegetais podem ter um perfil mais predominante de Mufa do que de Pufa, ao passo que em alguns peixes ocorre o oposto. Uma dica interessante para o consumo de ácidos graxos é, na preparação dos alimentos, alternar o uso de óleo de soja com o de óleo de canola ou de girassol, quando terminar uma embalagem. Assim, a média consumida de Mufa compensará as diferenças de quantidade entre óleos ricos e pobres nesse ácido graxo.

Como fontes de Mufa, podemos mencionar: óleos fabricados com soja e sementes vegetais, milho, algodão, girassol, gergelim, cártamo, prímula, nozes e oleaginosas (castanhas e amêndoas). Os Pufa contêm os famosos ácidos graxos do **grupo ômega**. Sua ação benéfica é responsável pela redução da inflamação dos vasos sanguíneos nos processos ateroscleróticos, ou seja, esses compostos agem como protetores do endotélio – a "parede" dos vasos. Entre esses lipídios, o grupo ômega 3 inclui os ácidos graxos docosa-hexaenoico (DHA), eicosapentaenoico (EPA) e alfa-linolênico (ALA), considerados *ácidos graxos essenciais* (**AGE**).

Os AGE não são produzidos endogenamente pela combinação de outros ácidos graxos, por isso, devem ser consumidos por meio dos alimentos. Essa é uma das razões pelas quais não devemos restringir totalmente da dieta as fontes de lipídios, mas cuidar com a qualidade ingerida de gordura, preferindo principalmente fontes de AGE com frequência diária. As principais funções do grupo ômega 3 se referem à redução dos triglicerídios sanguíneos e ao aumento discreto do colesterol de alta densidade – ou bom colesterol (HDL) –, além de exercer atividade anti-inflamatória – característica dos Pufa.

No grupo ômega 6, o ácido linoleico (AL) é o mais conhecido, muito estudado em virtude de sua ação anti-inflamatória. Porém, quando se substitui a gordura saturada da dieta por ômega 6, o efeito protetor para a saúde cardiovascular não é tão extenso quanto seria se a substituição ocorresse por uma mistura entre ômega 3 e ômega 6. Dessa forma, graças a uma maior variedade de ações relacionadas aos três ácidos graxos ômega 3, costuma-se pensar que o grupo 3 é mais eficiente do que o grupo 6, quando, na verdade, ainda há muito a se descobrir em pesquisas com os dois grupos.

Para o esporte e para a saúde, permanece a recomendação de que o consumo total de Pufa seja, em geral, maior do que o de ácidos graxos saturados ou de Mufa. Essa recomendação não considera o grupo ômega, que compõe o Pufa, pois ainda não há consenso sobre a proporção de ômega 3 para ômega 6 a ser administrada (Santos et al., 2013). O principal é obter quantidades suficientes para suas ações benéficas em alimentos prontos para o consumo.

Há muitos anos tem sido divulgado que os peixes são ótimas opções de proteínas com bom teor de gorduras essenciais. Porém, nem todos apresentam perfil recomendável de lipídios, pois alguns também têm gorduras saturadas em boa quantidade de sua composição.

No Brasil, o peixe com o menor teor de gorduras saturadas e uma boa relação de Pufa é a pescadinha (Santos et al., 2013). Outras opções de peixes são a truta, o cherne, o filhote e o namorado. No entanto, as partes desse animal mais ricas em Pufa são o cérebro e as vísceras (essa é a razão de se recomendar o óleo de peixe), as quais não temos o costume de consumir. Assim, é preciso avaliar a quantidade de filé de peixe que deve ser ingerida para que se possa obter os efeitos antioxidante e de melhoria dos lipídios sanguíneos atribuídos aos Pufa.

Mesmo consumindo fontes de Pufa ou de Mufa em quantidades adequadas, o próximo obstáculo a ser considerado para sua ingestão é o modo de preparo. Esses ácidos graxos são sensíveis ao calor, ou seja, ao serem aquecidos em altas temperaturas (em frituras ou em processos industriais), eles sofrem transformações químicas nas cadeias carbonadas que lhes conferem outras características de função. Quando isso ocorre, essa gordura transformada se torna gordura trans.

Os ácidos trans têm relação com o acúmulo de colesterol nos vasos sanguíneos da mesma forma que as gorduras saturadas. Por isso, em vez de protegerem o organismo, são nocivos a ele.

Estudos mostram que o elevado consumo de gordura trans traz mais problemas à saúde cardiovascular do que o de gorduras saturadas da dieta (Santos et al., 2013).

Porém, o modo de vida moderno nos oferece alimentos industrializados (ricos em gorduras trans) com maior frequência do que os caseiros, inclusive para atletas, principalmente em viagens para competições, em que os alimentos habituais podem não estar disponíveis.

Figura 5.2 Fontes de ácidos graxos trans

Evitar: AG Trans

Ari N, Gtranquillity, mikeledray e urfin/Shutterstock

Enfim, para atletas, a maior vantagem dos ácidos graxos poli-insaturados é a participação do grupo ômega no combate às respostas inflamatórias, pois essa ação parece abranger também a inflamação gerada pelo treinamento exaustivo nas estruturas musculares. Como os processos de inflamação se relacionam aos danos do estresse oxidativo, os ácidos graxos ômega são encarados como uma importante ferramenta de ação antioxidante no combate aos excessos do treinamento físico.

Em um recente estudo de revisão sobre a eficiência do grupo ômega nas modalidades esportivas, a maioria dos dados apresentou resultados positivos, como melhora no perfil de lipoproteínas (colesterol e triglicerídios sanguíneos) e menor estresse oxidativo. Entretanto, outros estudos não revelaram efeitos anti-inflamatórios ou negativos (Velho; Veber; Longhi, 2017). Assim, é recomendável que o consumo desses ácidos graxos seja incorporado à dieta balanceada, para garantir o aporte de AGE e os efeitos protetores do sistema cardiovascular mediante o consumo de fontes alimentares, sem necessidade específica de suplementação em relação ao esporte praticado.

5.3 Triglicerídios de cadeia média

Dentro do corpo humano, o processo de transferência de lipídios de um lugar a outro é uma desvantagem, pois, em virtude dessa ação, a utilização desses nutrientes acaba sendo mais lenta e dependente de elementos transportadores, como quilomícrons e lipoproteínas. Porém, o comprimento da cadeia de ácidos graxos da molécula do lipídio lhe confere propriedades que influenciam no processo de transporte, desde sua ingestão até seu armazenamento pelo organismo.

Por exemplo, os **triglicerídios de cadeia média (TCM)** compõem-se de ácidos graxos saturados entre 6 a 12 carbonos que podem ser "ácidos caprílico (C8:0; 50-80%), cáprico (C10:0; 20-50%) e com uma proporção menor dos ácidos caproico (C6:0; 1-2%) e láurico (C12:0;1-2%)" (Ferreira; Barbosa; Ceddia, 2003, p. 414). Por essa característica, os TCM não são absorvidos com os demais lipídios que passam pelo sistema linfático, "são absorvidos diretamente no sangue portal" (Mahan; Escott-Stump, 2002, p. 56), ou seja, na corrente sanguínea, são ligados fracamente à albumina ou solubilizados no plasma. Em outras palavras, esses lipídios não são incorporados em lipoproteínas como quilomícrons ou lipoproteínas de densidade muito baixa (*very low density lipoprotein* – VLDL), nem precisam seguir pela linfa para depois entrar na corrente sanguínea.

Podemos assumir que, ao serem absorvidos, os TCM realizam o mesmo caminho que os demais nutrientes (carboidratos e proteínas), ao contrário dos outros lipídios que utilizam vias mais longas para serem transportados. Ou seja, a biodisponibilidade digestiva dos TCM é maior, mais rápida e mais eficiente, o que é considerado uma vantagem metabólica.

Por esse motivo, os TCM têm sido utilizados em suplementos para atletas de esportes de longa duração como método de poupar glicogênio para fases posteriores do exercício, em que o atleta pode precisar de um esforço mais intenso – por exemplo, durante um *sprint* final. Porém, seus efeitos carecem de comprovação, pois não há muitos estudos sobre essa suplementação em humanos, e os que são realizados apresentam resultados divergentes. A desvantagem desse suplemento parece ser a intolerância gastrointestinal que muitos indivíduos apresentam quando ingerem doses acima de 30 gramas, mas uma possível vantagem é que os TCM foram associados à redução da gordura corporal (Becker et al., 2016).

Outra propriedade dos TCM de grande relevância para o exercício é o **caráter cetogênico**, uma vez que uma parte significativa da acetil-coA produzida durante a oxidação dos seus ácidos graxos de cadeia média é direcionada para a produção de **corpos cetônicos** (Ferreira; Barbosa; Ceddia, 2003). Esses corpos podem ser usados como fonte alternativa de energia, mas, em excesso, causam um quadro chamado de *cetoacidose*, em que há aumento da acidez do sangue e redução do desempenho. Dessa forma, sua utilização durante o esforço deve ser controlada.

Uma atividade benéfica desses lipídios no organismo é sua **capacidade de renovar o epitélio intestinal**. A função da mucosa intestinal, além de absorver nutrientes, é servir como barreira contra agentes patológicos e toxinas. Situações que reduzem a renovação celular do epitélio intestinal podem levar ao desenvolvimento de problemas na absorção de nutrientes ou na defesa imunológica. Isso pode ocorrer em atletas em virtude do uso constante de dietas elementares (com suplementos de alta osmolaridade), da utilização de laxantes para perda rápida de peso (ocasionando diarreias), bem como do jejum prolongado (utilizado como estratégia de adaptação para economia de glicogênio).

Além dos TCM, outros lipídios com efeito protetor da mucosa intestinal são o ômega 3 e os triglicerídios de cadeia curta (TCC) (Gazzinelli et al., 2010). Para indivíduos submetidos a esforços intensos, como atletas competitivos, a renovação do epitélio intestinal é uma forma de garantir um reforço ao sistema imune.

Importante!

Mesmo diante de tantos benefícios potenciais (fornecimento de ácidos graxos de rápida disponibilidade e de energia por corpos cetônicos, além de fortalecimento da barreira intestinal), a Sociedade Brasileira de Medicina do Exercício e do Esporte (SBME), em diversos estudos publicados com o uso de TCM em atletas, não encontrou evidências científicas suficientes para recomendar seu uso antes ou durante o exercício (Hernandez; Nahas, 2009).

Algumas fontes alimentares de TCM são gordura de coco, de babaçu, de amêndoa e, em pouca quantidade, do leite.

5.4 Estresse oxidativo

Atletas em programas de treinamento intensos podem sofrer continuamente lesões musculares tanto esperadas pelo processo de adaptação ao esforço quanto inesperadas por causa de estados exaustivos. Essas lesões liberam espécies reativas de oxigênio (EROs), também conhecidas como *radicais livres*. As EROs são moléculas muito ativas que podem reagir com outras moléculas. O problema é que essa reação provoca uma oxidação de estruturas que desestabiliza as membranas, criando um efeito cascata. Em estado equilibrado, o organismo apresenta um sistema antioxidante próprio para neutralizar as EROs. Quando esse sistema está saturado e falha, ou seja, quando há muito mais radicais livres do que componentes antioxidantes, ocorre o **estresse oxidativo**.

Em outras situações, há pessoas que consomem dietas desequilibradas com alto teor de lipídios, mas praticam muito exercício para compensar essas calorias extras, da mesma forma que existem atletas que escapam do plano alimentar consumindo muito mais gordura do que deveriam, acreditando que o volume de seus treinamentos diários pode evitar os danos da dieta gordurosa. Mas não se trata, apenas, de ingestão de calorias; uma dieta rica em gorduras (hiperlipídica) aumenta a oxidação sanguínea mais do que uma carga aguda de exercício extenuante – aeróbio estável, *sprints* intervalados de alta intensidade e moderada duração ou *sprints* intervalados de intensidade máxima e curta duração (McCarthy et al., 2013). Além disso, o exercício físico não neutraliza o efeito oxidativo deletério da dieta (Canale et al., 2014), isto é, além de não compensar, a dieta hiperlipídica pode piorar o grau de estresse oxidativo das lesões causadas por treinamento intenso, exigindo mais dos sistemas antioxidantes do organismo.

Perguntas & respostas

1. Qual é a principal função dos antioxidantes?

    A principal ação dos antioxidantes é proteger a membrana celular do dano oxidativo causado pelas EROs. O exercício físico pode aumentar em 10 a 15 vezes o consumo de oxigênio e, com isso, há aumento do nível de subprodutos de peróxidos da oxidação de substratos, ou seja, ocorre produção de ERos. Exercícios que exigem um maior fluxo de oxigênio, como os de alta intensidade e de maior nível de exaustão, produzem maior formação do estresse oxidativo (Schneider; Oliveira, 2004). Contudo, com o treinamento, ocorre maior estimulação do sistema antioxidante endógeno para neutralizar esse efeito, pois parece haver adaptações bioquímicas, fisiológicas e metabólicas pelo uso de antioxidantes que contribuem para a recuperação após o esforço físico e melhoram o rendimento esportivo (Pedroso; Vicenzi; Zanette, 2015).

Assim, quanto mais treinado for o atleta, maior será a capacidade de antioxidação endógena e menor será a necessidade da suplementação com antioxidantes (Thomas; Erdman; Burke, 2016). Porém, nem todos os esportistas conseguem neutralizar as EROs formadas pelos programas intensos de treinamento. Por isso, eles estão em risco de desenvolver problemas como a oxidação do sangue. Alguns estudos já mostraram que a utilização de antioxidantes dietéticos é efetiva para corrigir o estresse oxidativo. Lipídios da família ômega, vitaminas como a C (hidrossolúvel) ou a E (lipossolúvel) e minerais como o selênio e o zinco são apontados como importantes elementos para a correção do estresse oxidativo.

5.5 Antioxidantes

A melhor estratégia para corrigir um possível estresse oxidativo é aliar o treinamento físico a uma dieta balanceada, rica em alimentos antioxidantes. Não há comprovação científica de vantagem ergogênica para o indivíduo que consome mais antioxidantes do que o necessário para a saúde, mas há situações de risco em que o uso de suplementos pode ser recomendado, como para atletas com baixo consumo energético (processo de perda de peso); para esportistas que seguem dietas de baixa gordura cronicamente (exagero do método *cutting*); para aqueles em dietas que eliminam grupos alimentares (veganos, ovovegetarianos); e para os que não seguem dietas equilibradas e consomem poucas frutas, vegetais e grãos integrais.

Muitas das necessidades autoindicadas por pessoas para o uso de suplementos esportivos, na realidade, poderiam ser solucionadas de forma mais segura e barata com a adoção de uma dieta de base balanceada. É prudente e desejável estimular que os indivíduos consumam maiores quantidades de frutas e hortaliças para obterem das fontes alimentares as substâncias ativas contra o estresse oxidativo em vez de utilizarem suplementos antioxidantes (Catania; Barros; Ferreira, 2009). A questão é que as quantidades inadequadas ou exageradas de suplementos antioxidantes parecem impedir adaptações metabólicas e fisiológicas ao exercício diante de estados de estresse oxidativo (Szuck et al., 2011). Dessa forma, enquanto algumas questões sobre o papel das EROs e dos antioxidantes exógenos durante as adaptações ao esforço não forem bem esclarecidas, a melhor conduta permanece sendo a de evitar suplementos desnecessários.

Somente atletas de alto nível e atletas idosos podem precisar de suplementação de vitaminas antioxidantes C, A, E, zinco e coenzima Q10, pois sua dieta balanceada pode não ser suficiente para a quantidade necessária (Hernandez; Nahas, 2009). Outras vitaminas e minerais que mais apresentam deficiências entre atletas são cálcio, vitamina D, ferro e alguns antioxidantes (Thomas; Erdman; Burke, 2016).

A seguir, apresentamos alguns dos nutrientes antioxidantes e suas principais funções:

- **Vitamina C** – Auxilia no processo antioxidante em duas frentes: reagindo com o oxigênio antes do processo oxidativo e regenerando vitamina E (Catania; Barros; Ferreira, 2009).

- **Vitamina A** – Junto com seus precursores, os carotenoides, compartilha atividade biológica. Alguns carotenoides presentes em frutas e hortaliças têm sido estudados pelas suas propriedades funcionais, algumas das quais estão relacionadas ao potencial antioxidante: betacaroteno, licopeno, luteína e zeaxantina. Sua ação principal é reagir com o oxigênio singlete ($-O_2$, radical de oxigênio isolado), interrompendo a propagação do efeito cascata oxidativo.
- **Vitamina E** – A forma mais biologicamente ativa da vitamina E é o alfa-tocoferol. Sua reação é doar elétrons para estabilizar as EROs. Toda vez que doa elétrons, a vitamina E precisa ser regenerada para recuperar seu poder antioxidante pela ação conjunta de ácido ascórbico (vitamina C), enzima glutationa e coenzima Q10.
- **Selênio** – Participa da defesa antioxidante, do sistema imune e da regulação da função da tireoide (Catania; Barros; Ferreira, 2009). Como antioxidante, é incorporado na glutationa peroxidase (proteína antioxidante endógena).
- **Zinco** – Está envolvido na inibição de enzimas pró-oxidativas, ou seja, as que favorecem a produção de EROs, além de ser um dos cofatores da enzima superóxido dismutase (SOD), presente no sistema antioxidante endógeno.
- **Coenzima Q10** – Participa da regeneração da vitamina E.
- **Ômega 3** – Lipídio essencial, protege as membranas das células e renova o epitélio intestinal. Foi encontrado efeito benéfico na ingestão de 1,3 grama por dia de ômega 3 por seis semanas durante o exercício de *endurance* relacionado com a ativação da superóxido dismutase e da catalase (Poprzecki et al., 2009).
- **Vitamina D** – Relaciona-se à absorção e ao metabolismo de cálcio e fósforo, bem como ao metabolismo ósseo. Além disso, parece estar associada a processos de prevenção

de lesões, reabilitação, melhora da função neuromuscular, redução da inflamação e menor risco de fraturas por estresse. A carência desse nutriente é de difícil determinação, mas, no mundo esportivo, pode ocorrer em atletas que treinam e competem em ambientes fechados (modalidades *indoor*), em esportistas com alto percentual de gordura subcutânea (algumas modalidades de lutas), bem como naqueles que apresentam histórico de fraturas por estresse, sinais de *overtraining* e baixa exposição à luz ultravioleta A (luz solar) por uso de roupas e de loções bloqueadoras.

- **Ferro** – Não é antioxidante e se constitui no transportador de oxigênio das hemácias. A deficiência de ferro no organismo pode reduzir a capacidade de trabalho, prejudicando a adaptação ao treinamento e a *performance*. A seguir, listamos algumas situações que podem originar deficiência de ferro:
  - ingestão limitada proveniente de fontes de ferro heme sem ativação (pode ocorrer com vegetarianos, por exemplo);
  - ingestão geral insuficiente em virtude de dietas de baixo teor calórico para perda rápida de peso ou no período de crescimento rápido em adolescentes;
  - perda de sangue menstrual, doação de sangue regular (situações em que há maior perda de ferro).

Além dessas situações, há certos eventos esportivos que exigem do corpo uma maior utilização de ferro, como: treinamento em alta altitude (pouca disponibilidade de oxigênio que causa maior necessidade de hemácias); lesões frequentes; corridas de grandes distâncias; treinamento intenso que cause hemólise intravascular (ruptura de hemácias por impacto constante); **anemia esportiva** (forma de adaptação ao treinamento aeróbio caracterizada pela diluição da hemoglobina, mas que não interfere negativamente na *performance*).

- **Cálcio** – Está vinculado ao crescimento, à regulação e ao reparo do tecido ósseo, bem como à regulação da contração muscular, da condução nervosa e da coagulação sanguínea normal. Não atua como antioxidante, mas a falta desse mineral no organismo pode prejudicar a recuperação óssea de lesões e de fraturas por estresse. Atletas com sintomas de risco para deficiência de cálcio, especialmente diante de desordens alimentares, vegetarianismo restrito, baixa ingestão de energia ou tríade da mulher atleta, devem ter suas necessidades diárias calculadas entre 1500 a 2000 mg dessa substância diariamente (Thomas; Erdman; Burke, 2016).

ııı Síntese

Para finalizar o capítulo, preparamos um quadro que sintetiza os principais conteúdos abordados.

Quadro 5.1 Síntese do Capítulo 5

1	Como combustível para o exercício prolongado (*endurance*), podemos encontrar lipídios na forma de ácidos graxos livres, triglicerídios (TG) intramusculares e tecido adiposo. Dietas ricas em gordura podem reduzir o desempenho em exercícios de alta intensidade, diminuir o consumo de carboidratos e predispor o atleta a problemas cardiovasculares.
2	O teor de gorduras na dieta de atletas deve estar entre 15% e 30% do valor calórico total (VCT), principalmente de fontes de lipídios mono e poli-insaturados – entre eles, o ômega 3, que tem atividade anti-inflamatória e antioxidativa importante para o esporte.

(continua)

(Quadro 5.1 – conclusão)

3	Os triglicerídios de cadeia média (TCM) são lipídios com grande vantagem metabólica, mas com efeito ergogênico não suficientemente comprovado. São absorvidos mais rapidamente do que outros lipídios, fornecem mais calorias do que carboidratos – por serem gorduras e terem alta capacidade cetogênica – e são usados como poupadores de glicogênio em esportes de longa duração.
4	O estresse oxidativo ocorre quando a capacidade antioxidante endógena não é suficiente para neutralizar as espécies reativas de oxigênio (EROs) produzidas pelo alto consumo de oxigênio (O2) durante o exercício, por dietas hiperlipídicas e pela inflamação muscular gerada pelo exercício exaustivo. Quanto mais treinado estiver o atleta, maior será sua capacidade endógena de antioxidação.
5	Os antioxidantes dietéticos que podem ser necessários em alguns atletas (geralmente, em competidores de alto nível e atletas de *endurance*) e idosos para corrigir o estresse oxidativo são: vitamina C, vitamina A, vitamina E, ômega 3, selênio, zinco e coenzima Q10. Já a vitamina D, o ferro e o cálcio são micronutrientes que podem requerer reposição extra em atletas de risco (como vegetarianos, atletas com histórico de lesões recorrentes e esportistas em processo de perda rápida de peso).

■ Atividades de autoavaliação

1. Atente para o seguinte trecho: "Para os atletas, tem prevalecido a mesma recomendação nutricional destinada à população em geral, ou seja, as mesmas proporções de ácidos graxos essenciais, que são: 10% de saturados, 10% de polinsaturados e 10% de monoinsaturados" (Hernandez; Nahas, 2009, p. 5).

    Com base no texto da citação e nos conteúdos sobre o equilíbrio de ácidos graxos na dieta, os atletas devem manter o seu consumo de gorduras em:

    a) 15% a 30% do VCT, na maioria das fases do treinamento.
    b) 30% a 35% do VCT, em fase de redução de massa corporal.
    c) 5% a 10% do VCT, para maratonistas.

d) 50% do VCT, pois os ácidos graxos são os principais fornecedores de energia para o esforço.
e) 30% do VCT, se não houver consumo de gorduras saturadas.

2. Analise a seguinte citação:

> Os lipídios, que compõem cerca de 60% da massa sólida do cérebro, são essenciais para a estrutura e função cerebral normal. A maioria desses lipídeos são fosfolipídios constituídos por ácidos graxos insaturados anexados a triglicerídios, sendo os mais comuns os ácidos graxos insaturados ômega-3 e ômega-6. (Guerra et al., 2008, p. 146)

Considerando essa passagem e os conteúdos sobre fontes de ácidos graxos poli-insaturados (Pufa), indique a alternativa que apresenta fontes desses ácidos:

a) Camarões de águas frias.
b) Gordura do coco.
c) Margarina vegetal.
d) Óleo de peixe e linhaça.
e) Gordura de palma.

3. Considere o seguinte trecho: "Alguns estudos sugerem um efeito positivo de dietas relativamente altas em gorduras no desempenho atlético e têm proposto a suplementação de lipídios de cadeia média e longa, poucas horas antes ou durante o exercício" (Hernandez; Nahas, 2009, p. 5).

Com base na leitura desse trecho e retomando os conteúdos sobre o uso de triglicerídios de cadeia média, marque a alternativa que indica a principal vantagem preconizada pelo uso desse tipo de gordura em relação ao exercício:

a) Estão associados a distúrbios gastrointestinais.
b) Substituem completamente o consumo de carboidratos.
c) São absorvidos tão rapidamente quanto a glicose, mas fornecem energia tanto quanto os lipídios.
d) Reduzem o colesterol LDL dos vasos sanguíneos.
e) São potentes antioxidantes da família ômega.

4. Analise o trecho a seguir:

> Uma das consequências do estresse oxidativo é a peroxidação lipídica, que constitui uma reação em cadeia nos ácidos graxos poli-insaturados das membranas celulares, alterando sua permeabilidade, fluidez e integridade. [...] O organismo possui defesas para combater as espécies reativas de oxigênio, como a glutationa, principal antioxidante endógeno não enzimático. (Araújo et al., 2016, p. 581)

A respeito do trecho citado e com base nas informações sobre estresse oxidativo, aponte a alternativa que apresenta a principal causa de estresse oxidativo em atletas:

a) O alto consumo de calorias ao longo do tempo.
b) A exigência psicológica em manter-se em alto rendimento.
c) O baixo consumo de fibras e proteínas entre as competições.
d) O nível de exaustão pelo treinamento intenso, além da capacidade antioxidante natural do organismo.
e) O alto uso de lipídios como fonte energética para o esforço.

5. Considere o fragmento de texto a seguir:

> Estudos mostraram que os compostos fenólicos da berinjela podem reduzir a absorção da glicose intestinal e fornecer proteção antioxidante celular, [...] Além disso, a casca da berinjela é rica em antocianinas e pode ser usada no tratamento de hiperlipidemia e na prevenção de doenças cardiovasculares aterogênicas através da inibição da peroxidação lipídica. (Scorsatto et al., 2017, p. 236)

Considerando esse texto e os conteúdos sobre nutrientes antioxidantes, destaque a alternativa que contém um nutriente de ação antioxidante encontrado principalmente em hortaliças:

a) Ômega 3.
b) Vitamina E.
c) Ferro.
d) Selênio.
e) Vitamina A.

Atividades de aprendizagem

Questões para reflexão

1. Antes das aulas, muitas alunas de um grupo de ginástica de uma empresa se encontram para comer um pastel ou um salgado frito na lanchonete mais próxima. Preocupado com a saúde delas, você decide conversar com elas sobre a alimentação adequada e a ingestão de lipídios. O que você pode lhes ensinar sobre a ingestão de alimentos gordurosos antes do treino? E sobre a gordura das frituras?

2. Depois das proteínas, o segundo suplemento nutricional mais usado entre atletas são os antioxidantes. Suponha que em seu local de trabalho muitos praticantes de exercícios estão tomando cápsulas de ômega 3 para melhorar o rendimento. Qual é a relação entre os antioxidantes, o estresse oxidativo e o exercício intenso? Depois do que você aprendeu neste capítulo, você acredita que todas essas pessoas realmente precisam fazer a suplementação com antioxidantes para obter uma melhor *performance* esportiva?

Atividade aplicada: prática

1. Entreviste no mínimo cinco atletas de uma equipe esportiva de sua cidade, independentemente da modalidade que eles praticam. É importante que você escolha uma equipe profissional, pois os treinos são mais intensos.

   Pergunte aos esportistas com que frequência, em uma semana, eles comem peixes, nozes ou linhaça. Você fará uma comparação entre as respostas deles e o consumo mínimo ideal desses alimentos indicado à população:

   - **Peixes** – Mínimo de uma vez na semana, sendo três vezes considerado o ideal.

- **Nozes, castanhas, linhaça ou sementes em geral** – Mínimo de uma vez ao dia.

Analise as respostas dadas e verifique com que frequência (em porcentagem) atletas que realizam treinamentos intensos consomem fontes de Pufa na alimentação. Que conclusões você pode tirar dessa prática? Há coerência entre o que os cientistas do esporte sabem e o que é realizado na prática com relação à nutrição esportiva? O que pode ser feito para melhorar a relação entre pesquisa e realidade?

Capítulo 6

Água: hidratação em evidência

De **acordo** com Mahan e Escott-Stump (2002, p. 169): "A distribuição da água corporal varia sob diferentes circunstâncias, mas a quantia total no corpo permanece relativamente constante". Além de se apresentar em abundância no organismo humano, a água é o líquido de maior importância fisiológica para a vida. Ela é responsável por dissolver a maioria das substâncias que ingerimos ou produzimos em nosso corpo, bem como por conduzir nutrientes, enzimas, oxigênio, calor e corrente elétrica através do organismo. Por todas essas funções, manter uma ótima quantidade de fluidos corporais é extremamente importante durante o esforço. Os líquidos no corpo humano podem se apresentar em três meios: intracelular, extracelular e transcelular.

Neste capítulo, demonstraremos a importância de se manter o equilíbrio hidroeletrolítico dos atletas, além de discutir sobre os fatores que aumentam a termogênese do exercício. Ao término da leitura, você, leitor, será capaz de perceber as consequências da desidratação e identificar que estratégias podem ser adotadas para repor líquidos antes, durante e após o treinamento, além de compreender o uso correto de bebidas isotônicas.

6.1 Termogênese no exercício

Por algum tempo, costumou-se orientar as pessoas a não esperar sentir sede para tomar água durante o esforço, a fim de evitar a desidratação. Na verdade, a **sede** é um indicador de que o organismo precisa de fluidos e pode ocorrer como consequência de um nível de hipohidratação (hidratação insuficiente). Porém, permanece válida a dica de manter a hidratação sem esperar sentir sede, uma vez que nossa sobrevivência depende muito mais da água do que de qualquer outro substrato ou cofator metabólico que possamos ingerir (Wolinsky; Hickson Junior, 2002).

A perda de fluidos e de eletrólitos no organismo está diretamente atrelada à redução da capacidade de controlar a temperatura corporal, à menor resistência e força muscular e, com efeito, ao menor desempenho do atleta. Assim, o rendimento esportivo tem estreita ligação com o nível de hidratação dos esportistas, pois o exercício, por si, é um fator de produção de calor (**termogênese**) que pode levar à desidratação se não forem adotadas medidas adequadas de reposição de fluidos.

O exercício físico gera calor metabólico de duas formas: pela contração muscular e pela oxidação de nutrientes para manter a contração muscular. À medida que a *performance* prossegue, o aumento da temperatura interna precisa ser dissipado, para que seja mantida a homeostase celular e enzimática. Então, o organismo aciona os mecanismos de controle da temperatura corporal, enviando líquidos com calor para a periferia (pele), provocando a sudorese e aguardando a evaporação do suor que provoca o resfriamento, conforme mostra a Figura 6.1.

Figura 6.1 Esquema simplificado de termogênese e resfriamento durante o exercício físico

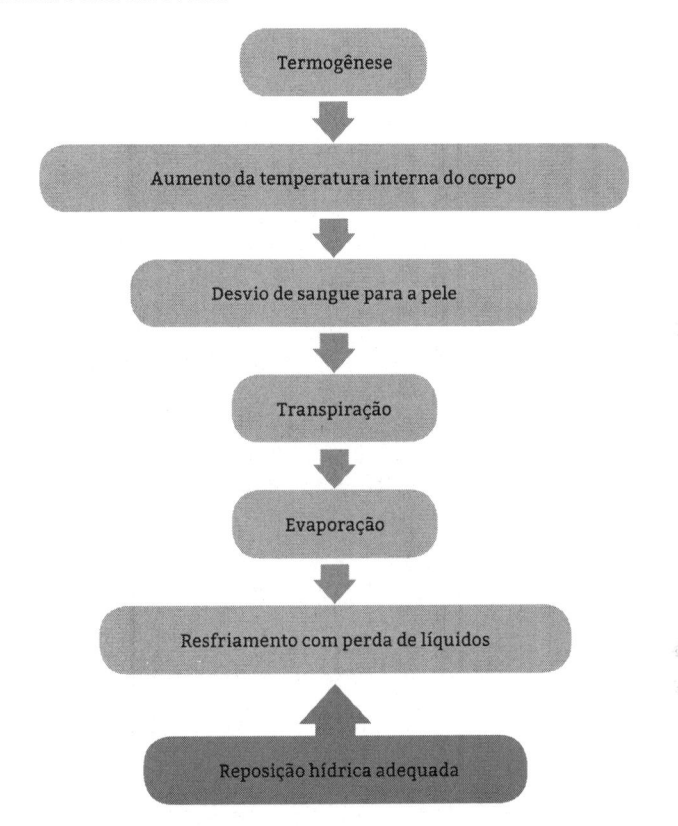

```
                    Termogênese
                         ↓
        Aumento da temperatura interna do corpo
                         ↓
              Desvio de sangue para a pele
                         ↓
                    Transpiração
                         ↓
                     Evaporação
                         ↓
            Resfriamento com perda de líquidos
                         ↑
               Reposição hídrica adequada
```

Porém, em resposta ao aumento da temperatura interna, os vasos sanguíneos perdem líquido de seu meio para o suor, ficando com as demais substâncias (hemoconcentração). Com o sangue superconcentrado (menor fluidez), há o aumento da exigência cardíaca para levá-lo a todos os músculos em esforço. Apenas a hipohidratação já é suficiente para aumentar o risco de estresse cardíaco (Thomas; Erdman; Burke, 2016). Com o aumento do esforço cardíaco, há produção de mais calor.

Esse ciclo (termogênese e tentativa de esfriamento seguidas de nova termogênese) prossegue com a continuação do exercício, agravando-se quanto menos fluidos forem repostos, como podemos ver na Figura 6.2.

Figura 6.2 Esquema simplificado de falha no resfriamento e aumento da termogênese durante o exercício físico

Reposição hídrica insuficiente → Termogênese → Aumento da temperatura interna → Desvio de sangue para a pele → Transpiração → Falha na evaporação

wavebreakmedia/Shutterstock

Então, para todos os efeitos, podemos assumir que as duas principais vantagens da hidratação durante o exercício são **esfriar o corpo** e **recuperar a volemia** (nível de fluido no sangue).

6.2 Desidratação e *performance*

Em relação ao nível de hidratação, costumamos classificar os indivíduos em: **desidratado** (muito abaixo do ideal), **hipohidratado** (abaixo do ideal), **euhidratado** (em hidratação ideal) ou **hiperhidratado** (acima do ideal). Determinados fatores interferem no grau de desidratação e devem ser previstos a fim de se adequarem as estratégias de reposição de líquidos ao comportamento da termogênese induzida pelo esforço. São condições que acentuam a necessidade de cuidados e podem ser de origem ambiental, da modalidade praticada ou do próprio atleta.

Como **condições ambientais**, as principais são a temperatura acima de 30 °C e a umidade relativa do ar maior do que 80%. Cada um desses fatores já propicia, por si, desidratação. Porém, a combinação de temperatura e umidade elevadas pode desencadear níveis ainda maiores de falta de líquidos. Além desses fatores, a velocidade do vento (em provas realizadas em ambientes externos) ou a ventilação (em ambientes internos) também são capazes de acelerar a evaporação do suor e, assim, o resfriamento do corpo. Por fim, outra situação que gera perda de líquido corporal é a incidência de alta radiação solar em ambientes ao ar livre, especialmente nas modalidades praticadas em superfícies que refletem a luz, como neve, areia, água ou concreto.

Outros fatores se referem ao meio em que são realizadas as competições. Exercícios subaquáticos e aquáticos não permitem a evaporação do suor, porém, perde-se calor para a água; exercícios em altitude, por sua vez, desidratam duplamente, pois induzem o corpo à hipovolemia por perda de fluidos e vasodilatação (Sawka; Cheuvront; Kenefick, 2015).

Perguntas & respostas

1. **Qual exemplo de atleta pode estar exposto a uma desidratação elevada por acúmulo de fatores ambientais?**

    Os jogadores de voleibol de areia são expostos a temperaturas elevadas em fases de competição durante o verão. As arenas em que eles disputam as competições são montadas ao redor da quadra, diminuindo a velocidade do vento. Além disso, a areia é uma superfície que reflete a radiação e, a depender da época, a etapa pode até mesmo ser realizada em ambientes com alta umidade.

Em alto nível, treinadores e atletas costumam avaliar as condições ambientais por meio de cálculos obtidos por meio de tabelas de desconforto térmico, que representam o grau de interferência que a temperatura e a umidade do ar causam em uma pessoa-padrão (média da população). O índice Humidex (Canadian..., 2011) é uma ferramenta aberta *on-line* que faz esse cálculo. Porém, em vez de tomar os dois fatores climáticos isoladamente, ela os calcula combinados, o que é muito apropriado para climas quentes e úmidos – como na maior parte do Brasil.

Quando os valores estão acima de 35, devem ser evitados exercícios físicos ao ar livre dependendo da idade, da condição clínica e do condicionamento físico do atleta e do tipo de vestimenta usada. Se forem acima de 40, significa que todo esforço desnecessário deve ser evitado. Em casos em que não é possível evitar o exercício e o valor resultar muito elevado, recomenda-se beber muito mais líquidos (ajustar a hidratação) e incluir intervalos mais frequentes durante o treinamento, para descanso e redução da temperatura corporal (Canadian..., 2011). A desvantagem desse índice, porém, é que ele não considera a velocidade do ar.

Na Tabela 6.1, indicamos a classificação do desconforto térmico de acordo com o índice Humidex.

Tabela 6.1 Classificação do desconforto térmico pelo índice Humidex

Índice Humidex	Percepção do conforto térmico (temperatura e umidade)
Menor do que 29	Pouco ou nenhum desconforto
30 a 34	Desconforto perceptível
35 a 39	Desconforto evidente
40 a 45	Desconforto intenso; evitar o esforço
Acima de 45	Desconforto perigoso
Acima de 54	Insolação provável

Fonte: Adaptado de Canadian..., 2011, tradução nossa.

||| *Importante!*

Para uma avaliação mais específica do estresse térmico, outro tipo de tabela de desconforto pode ser usado, medindo o índice de bulbo úmido – termômetro de globo (IBUTG) –, que se refere à temperatura que a pele sente quando está molhada e exposta ao ar, combinando radiação térmica, umidade e velocidade do ar (Coutinho, 1998). O uso desse tipo de tabela parece ser uma tendência entre os estudiosos do esporte – certamente acompanharemos essa tendência futuramente.

As **características da modalidade** também acentuam as perdas de líquidos, principalmente em relação aos esportes em que roupas ou acessórios fazem parte da indumentária do atleta. São os casos, por exemplo, de mergulhadores e praticantes de certas modalidades de luta, que exigem, respectivamente, trajes de mergulho e quimonos. Também, esportistas envolvidos com esportes de aventura que precisam carregar o próprio equipamento, como caiaques, cordas e mochilas. Além desses exemplos, eventos esportivos prolongados (com duração superior a 60 minutos), que realizam múltiplas baterias ou jogos ao longo do dia (competições de tênis ou de atletismo) ou que exijam esforço acima de 75% do $VO_{2máx}$ também são considerados variáveis que contribuem para a desidratação em atletas.

O treinamento militar é, sem dúvida, um bom exemplo de modalidade com alto poder desidratante: são horas de exercícios intensos, com farda e botas, normalmente carregando mochilas e armas. Também, atualmente, desafios de *crossfit*, corridas de obstáculos em florestas (*mudraces*) e outras modalidades se aproximam desse tipo de esporte. Outro exemplo se refere aos montanhistas quando estão em preparação para ascender a algum cume, em cujo trajeto precisarão carregar roupas para temperatura extrema, barraca, alimentos e equipamentos, durante horas e em altitude. Salientamos que essas condições não precisam estar associadas, mas o efeito delas será pior quanto mais fatores forem observados numa mesma modalidade. Enfim, ao praticar determinado esporte, o atleta relativamente se adapta a essas variáveis e, por vezes, às estratégias de treino e de hidratação. Assim, ele é capaz de reconhecer quando algo não está acontecendo como deveria.

E o terceiro fator que interfere no grau de hidratação são as **condições intrínsecas do atleta**, como a taxa de sudorese. A quantidade de suor que o corpo produz "varia durante o exercício de 0,3 a 2,4 litros/hora dependendo da intensidade do exercício, duração, condicionamento físico, aclimatação ao calor, altitude e outras condições ambientais" (Thomas; Erdman; Burke, 2016, p. 515, tradução nossa). Atletas que suam mais do que dois litros por hora de exercício são considerados com alta taxa de produção de suor.

Outros fatores pessoais são representados pelo nível de hidratação no início do exercício, como: temperatura corporal superior a 39 °C; presença de inflamações recorrentes ou lesões; alto percentual de gordura corporal (acima de 25%); presença de alterações do metabolismo (diabetes); uso métodos de desidratação para perda rápida de peso (restrição voluntária de fluidos e uso de diuréticos).

Perguntas & respostas

1. **Em relação às condições do atleta, em qual situação o risco de desidratação é maior?**

   Que tal um judoca com diabetes, acima do peso, em processo de recuperação de lesões persistentes, com alta taxa de sudorese e que está tentando competir em uma categoria de peso inferior à sua na semana seguinte à do início do treinamento? Esse é um exemplo fictício, mas possível.

Uma forma prática de se verificar a desidratação dos atletas não utiliza tabelas de condições ambientais, cálculos complicados ou testes invasivos. Basta avaliar a variação da massa corporal realizando a pesagem antes e depois da sessão de treino, reduzindo da diferença o total de líquido ingerido ou excretado (urina) nesse período. Na aplicação desse teste simples, é importante fazer a pesagem em separado das roupas utilizadas na modalidade antes e depois do treino, pois o suor poderá se acumular nas fibras têxteis e mascarar a perda hídrica.

Importante!

Outro teste de hidratação de rápida conclusão é a observação da cor da urina ao longo dia. A primeira urina da manhã tende a ser mais concentrada, de coloração quase alaranjada e com cheiro mais forte. Ao longo dia, no indivíduo euhidratado, ela é abundante e apresenta uma cor amarelo-pálida, com pouco cheiro. Dificuldades de urinar, coloração ou cheiro mais forte indicam falta de líquidos. Para essa avaliação, não é preciso acompanhar o atleta ao banheiro, pois é suficiente orientá-lo a reconhecer essas características e relatá-las ao responsável por seus treinos. Esses testes não substituem a avaliação mais criteriosa da desidratação, mas são suficientes para trabalhar esse conceito com alunos ou clientes.

Com o conhecimento dos fatores a serem observados e do estado de hidratação dos atletas, é possível elaborar uma estratégia de reposição de líquidos que lhes permita manter a *performance* mesmo em condições adversas. É preciso evitar ao máximo a prática de exercícios em desidratação, pois essa condição pode trazer consequências sérias para a saúde e o desempenho esportivo.

Para finalizar a discussão sobre a hidratação, elaboramos a Tabela 6.2, que indica os níveis de desidratação e quais são as consequências de cada um para a prática esportiva.

Tabela 6.2 Níveis de desidratação e consequência para o esporte

Redução da massa corporal (%)	Consequência
De 1% a 2% (desidratação bem leve)	Começa a falhar o sistema de resfriamento corporal, aumentando a temperatura interna em até 0,4 °C para cada porcentagem de perda hídrica adicional.
2% (desidratação leve)	Ocorre um comprometimento da função cognitiva e do desempenho do exercício aeróbio em ambiente quente.
De 3% a 5% (desidratação moderada)	Afeta o rendimento em esportes anaeróbios e de alta intensidade, mesmo em temperaturas consideradas frias.
De 4% a 6% (desidratação severa)	Pode ocorrer fadiga térmica.
De 6% a 10% (desidratação severa)	Intolerância ao esforço, estresse cardíaco, produção elevada de suor e diminuição do fluxo de sangue nos músculos; risco de choque térmico, coma e morte.

Fonte: Elaborado com base em Thomas; Erdman; Burke, 2016, p. 514-516; Hernandez; Nahas, 2009, p. 6.

6.3 Eletrólitos

Considera-se que, se as perdas por suor forem iguais ou maiores do que 2 quilogramas (kg) de massa corporal após o esforço, haverá necessidade de repor eletrólitos como sódio, potássio e cloreto, além dos fluidos (Wolinsky; Hickson Junior, 2002).

Pergunta e respostas

1. **O que são eletrólitos?**

   Os fluidos corporais são, em sua maior parte, compostos por água e cloreto de sódio (NaCl), além de pequenas quantidades de íons potássio (K^+), cálcio (Ca^{2+}), magnésio (Mg^{2+}) e fosfato ($PO4^{-3}$). Esses elementos são chamados de *eletrólitos*, pois apresentam valências livres – lembra-se das aulas de Química? – que lhes conferem cargas positivas ou negativas, ou seja, são capazes de conduzir eletricidade. Os eletrólitos são responsáveis por controlar a atividade dentro e fora da célula e pela comunicação entre as células.

   A perda de fluidos e de eletrólitos durante o esforço ocorre principalmente pela sudorese; no entanto, o suor é **hipotônico**, ou seja, perdem-se muito mais fluidos do que eletrólitos ao suar (Wolinsky; Hickson Junior, 2002). Assim, atletas nem sempre precisarão repor esses elementos, pois, sem fluidos, sua concentração no sangue é maior, ao invés de ser menor. Porém, é preciso verificar se ocorrem sintomas que indiquem o contrário, como o aparecimento de cãibras ou de dores de cabeça, que não são resolvidas pelo consumo de carboidratos.

   Especialmente em exercícios realizados em ambientes quentes, é comum que os atletas se super-hidratem, ou seja, consumam muito mais fluidos do que o necessário para repor as perdas hídricas. Porém, o oposto também pode ocorrer: sem adição de eletrólitos nas bebidas de reposição de fluidos, há redução do volume plasmático desses sais, gerando condições clínicas chamadas **hiponatremia** (falta de sódio no sangue) ou **hipocalemia** (falta de potássio no sangue).

A intoxicação por água ou hiponatremia ocorre quando a quantidade de sódio no plasma é inferior a 135 mmol/l (Thomas; Erdman; Burke, 2016). Ela é mais comum em atletas recreacionais (que realizam a prática eventual de exercícios), pois eles são mais suscetíveis a ingerir muitos fluidos no esforço, mesmo sem perdas de suor significativas. Os sintomas ocasionados pela intoxicação por água são: dor de cabeça, náusea, vômito, confusão mental, distúrbios respiratórios e, em casos graves, delírio, perda de consciência e morte.

O consumo frequente de frutas e verduras é a melhor forma de repor eletrólitos. Em condições especiais, quando a dieta habitual é rica em sódio (mais de 10 gramas por dia), a sudorese é intensa e o atleta é muito suscetível a cãibras, suplementos de eletrólitos podem ser necessários, diluídos em bebidas ou em pastilhas. Nem sempre o sabor de um suplemento com esses elementos é agradável, portanto, a preparação do atleta ao seu consumo precisa levar em conta também qual tipo de suplemento se adapta melhor ao seu gosto.

6.4 Estratégias de reposição hídrica

A seguir, apresentamos orientações sobre hidratação em três momentos: antes, durante e depois do esforço.

6.4.1 Hidratação antes do exercício

Nesse período, o melhor é manter o estado euhidratado durante todo o dia, com reforço de fluidos próximo aos momentos do treinamento. É preciso começar o exercício bem hidratado. Por isso, devem ser seguidas as seguintes recomendações:

- **De duas a quatro horas antes do esforço** – Consumir de 5 ml a 10 ml por quilograma de massa corporal até obter uma urina de cor amarelo-pálida;

- **Trinta minutos antes do esforço** – Não consumir líquidos; aguardar para eliminar excessos a fim de evitar a vontade de urinar durante o exercício.

Atletas que estão consumindo suplementos de cafeína devem ter um cuidado a mais, pois podem apresentar maior necessidade de urinar.

6.4.2 Hidratação durante o exercício

A maioria dos atletas se beneficia do plano geral de hidratação com 0,4 litro a 0,8 litro de líquido por hora (Thomas; Erdman; Burke, 2016). Para assegurar uma hidratação mais personalizada, deve-se utilizar rotineiramente a aferição da variação de peso descrita anteriormente e calcular uma reposição de líquidos que atenda a esse volume. Em geral, realiza-se a hidratação a cada 15 ou 20 minutos de atividade, com volume de 250 ml por dose ou conforme a tolerância do atleta (Clark, 1998).

A composição da bebida também é um fator que deve ser considerado no momento da hidratação. Em geral, para praticantes de exercícios físicos regulares, em modalidades de até 60 minutos de duração, não há necessidade de outros elementos, a não ser água. Porém, para atletas profissionais, por terem maiores exigências durante o esforço, o planejamento nutricional poderá prever a inclusão de eletrólitos, carboidratos ou aminoácidos na bebida de reposição hídrica. Já para atividades intermitentes de longa duração ou para esforços curtos de elevada intensidade, a reposição hídrica pode conter carboidratos e sódio.

Esse aspecto é essencial se o atleta está se exercitando em ambientes quentes. Segundo Hernandez e Nahas (2009, p. 6), "a ingestão de líquidos, independente da presença de carboidrato, melhora o desempenho para a primeira hora de exercício aeróbio em alta intensidade". Essa importância também é percebida em outros tipos de atividades, portanto, a hidratação é uma unanimidade durante o esforço. Independentemente das combinações de nutrientes com fluidos, é preciso sempre considerar que a bebida esportiva deve ter rápida absorção intestinal e esvaziamento gástrico facilitado. Além disso, a temperatura é outro fator que pode levar a um maior consumo de líquidos – bebidas frias (de até 10 °C) tendem a ser escolhidas em detrimento das bebidas em temperatura ambiente (Gomes et al., 2014).

A disponibilidade de líquidos durante o treino ou da prova esportiva interfere no grau de hidratação do atleta. Esse fator deve ser incluído nas estratégias de treinamento, principalmente em atividades ao ar livre em que não há um percurso cíclico ou em que o deslocamento do atleta é muito grande (provas de longas travessias, corridas de aventura, ultramaratonas etc.). Em outras ocasiões, o treinador deverá considerar que seus alunos ou clientes poderão interromper as atividades para beber água. Uma orientação poderá ser dada para que esse fato não se torne uma desculpa para fugir dos momentos intensos do treinamento. Por isso, solicitar a eles que deixem ao alcance suas garrafas com água, chás ou sucos bem diluídos (uma porção para cada nove porções de água) pode ser uma alternativa para que não reduzam o ritmo. Outra solução pode ser programar um momento de recuperação para que os indivíduos possam tomar água e retornar ao treinamento. Ressaltamos que as pessoas devem ser encorajadas a se hidratar.

Além das bebidas esportivas industrializadas, os alimentos também podem ser usados para fornecer fluidos e eletrólitos ou favorecer a retenção de líquidos no corpo. O exemplo mais famoso é a água de coco verde, que tem sido usada como alternativa caseira para repor eletrólitos durante o esforço, pois sua composição nutricional é similar à das bebidas comercializadas (Carvalho et al., 2006). Ela é rica em sais minerais e vitaminas, pobre em lipídios, tem bom nível de proteínas e contém 5% de carboidratos (sacarose, glicose e frutose livre), fornecendo em torno de 20 kcal/100 ml (Franco, 1999, p. 123). Conforme o fruto vai amadurecendo, há elevação do potencial de hidrogênio (pH), aumento da quantidade de sódio e de potássio, redução do volume de água e diferenciação dos aminoácidos presentes: quanto mais maduro estiver o fruto, mais rico será em alanina; quanto mais jovem ele for, mais rico será em glutamina (Aragão; Isberner; Cruz, 2001). Então, se houver disponibilidade de água de coco gelada próximo ao local de treino, deve-se aproveitar para incluí-la na estratégia de hidratação.

6.4.3 Hidratação após o exercício

O processo de reidratação deve ser iniciado imediatamente após o fim do exercício. Os principais objetivos dessa fase são restaurar a volemia (quantidade de fluidos no sangue) e repor as perdas de eletrólitos. O atleta deverá ser incentivado a beber à vontade a fim de que consiga repor entre 1,25 litros a 1,5 litros de fluidos para cada quilograma de massa corporal perdida (Thomas; Erdman; Burke, 2016). A composição da bebida precisa conter sódio e eletrólitos para que a retenção de fluidos seja eficiente. A Figura 6.3, a seguir, mostra, de forma generalizada, como deve ocorrer a hidratação para atletas.

Figura 6.3 Esquema simplificado de hidratação durante o exercício físico

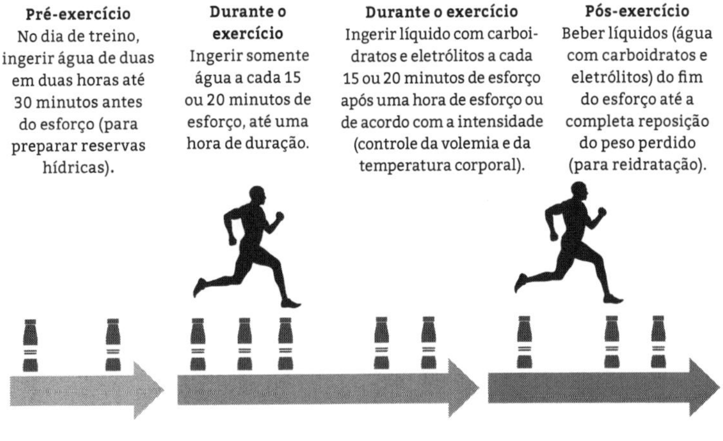

Pré-exercício
No dia de treino, ingerir água de duas em duas horas até 30 minutos antes do esforço (para preparar reservas hídricas).

Durante o exercício
Ingerir somente água a cada 15 ou 20 minutos de esforço, até uma hora de duração.

Durante o exercício
Ingerir líquido com carboidratos e eletrólitos a cada 15 ou 20 minutos de esforço após uma hora de esforço ou de acordo com a intensidade (controle da volemia e da temperatura corporal).

Pós-exercício
Beber líquidos (água com carboidratos e eletrólitos) do fim do esforço até a completa reposição do peso perdido (para reidratação).

Gurza e koQ Creative/Shutterstock

Contudo, não existe regra para a realização de uma hidratação satisfatória. Dessa forma, o mais importante é organizar a suplementação do atleta individualmente, fundamentada em uma dieta balanceada e complementada por fluidos e nutrientes de acordo com os objetivos do treino e as características pessoais. Como discutimos nos capítulos sobre carboidratos e proteínas, em determinadas condições, a bebida de reposição poderá conter esses nutrientes para acelerar os processos de reposição de glicogênio e de reconstrução muscular. Assim, algumas bebidas contendo produtos lácteos devem ser consideradas por conterem quantidades de carboidratos, aminoácidos, sódio e potássio semelhantes às de bebidas de reidratação comerciais (James, 2012).

Além disso, a composição proteica do leite parece facilitar a retenção de sódio, potássio e fluidos após exercícios intensos e prolongados (60 minutos) (Castro-Sepúlveda et al., 2016, p. 227). Porém, nem todos os indivíduos digerem bem as proteínas do leite – alguns podem apresentar distúrbios como cólicas e gases. Portanto, incluir esse alimento na fase de recuperação como alternativa mais barata aos suplementos pode não ser uma estratégia agradável. Mais pesquisas precisam ser realizadas para verificar se as vantagens do leite nesse momento são maiores do que as desvantagens e, mesmo assim, nem todos terão a tolerância gastrointestinal necessária para sua utilização.

6.5 Bebidas isotônicas e diuréticos

Diferentes tipos de bebidas esportivas variam em composição de acordo com a função para a qual são elaboradas. Elas podem conter eletrólitos, carboidratos, aminoácidos e outros elementos. Qualquer líquido dessa natureza pode ser classificado quanto ao teor de eletrólitos que contém em relação ao plasma sanguíneo. Dessa forma, as bebidas podem ser:

- **Hipotônicas** – Apresentam menos eletrólitos do que o plasma.
- **Isotônicas** – Dispõem de concentração de eletrólitos igual à do plasma.
- **Hipertônicas** – Têm mais eletrólitos do que o plasma.

Porém, nem todas as bebidas esportivas são necessariamente adequadas para exercícios. A absorção de água no organismo ocorre no intestino grosso por meio de um processo osmótico, em que os fluidos se deslocam do meio menos concentrado em eletrólitos para o mais concentrado, a fim de equalizar a composição dos dois meios (ação chamada *isotonia*). Quando muitos eletrólitos (advindos de bebidas hipertônicas) atingem a área intestinal de absorção de água, os fluidos do organismo se deslocam para a luz intestinal, retirando fluidos de dentro do organismo em um processo oposto ao desejado para a hidratação. Em situação oposta, se poucos eletrólitos (provindos de bebidas hipotônicas) são ingeridos, há perda de eletrólitos do corpo para o meio intestinal, no qual serão excretados, gerando déficit de eletrólitos no organismo. Para evitar essas duas situações, o ideal é consumir bebidas isotônicas durante o esporte.

A *bebida isotônica* é o nome comum para o suplemento hidroeletrolítico direcionado ao atleta, ou seja, ele não substitui o soro caseiro, por exemplo, em situações clínicas como diarreia ou desidratação, por motivo não esportivo. Da mesma forma, o isotônico não é refrigerante ou suco para ser ingerido indiscriminadamente durante as refeições, principalmente por crianças, gestantes, hipertensos, diabéticos ou pessoas com problemas renais (Ghorayeb; Amparo; Perrone, 2013).

Para ser considerada suplemento hidroeletrolítico, a bebida deve ser composta por sais inorgânicos de sódio (de 460 mg a 1150 mg por litro), carboidratos (até 8%; se for frutose, até 3%), além de poder conter potássio (até 700 mg por litro) e ter osmolaridade inferior a 330 mOsm por quilograma de água, mas não pode apresentar outros nutrientes ou fibras (Brasil, 2010).

Além do teor de eletrólitos, nem todos os líquidos favorecem a hidratação. Pessoas que não consomem fluidos o suficiente por não gostarem do sabor da água podem utilizar outras bebidas para se hidratar. O cuidado deve ser no sentido de escolher combinações que tenham um perfil próximo ao de uma bebida isotônica, como a água de coco ou o suco de frutas diluído.

No entanto, existem substâncias nutricionais ou farmacológicas que provocam eliminação de líquidos do corpo pelo aumento da urina (diurese): os **diuréticos**. Os mais conhecidos são o álcool, o chá preto e o café. A utilização de líquidos diuréticos precisa ser observada principalmente em atletas com risco de realizar práticas para perda rápida de peso. As bebidas alcoólicas não combinam com desempenho, pois afetam o sistema nervoso – prejudicando o raciocínio –, retiram a prioridade dos carboidratos no sistema de produção de energia e ativam os hormônios diuréticos, eliminando líquidos.

Uma febre entre os jovens é a associação de bebidas energéticas com bebidas alcoólicas em busca de mais energia, entusiasmo e descontração nas festas. Mas os elementos energéticos (cafeína ou taurina) combinados com o álcool elevam os riscos de eventos cardiológicos graves, como espasmos coronarianos, taquicardias e fibrilação, além de aumentar o risco de intoxicação etílica (Ghorayeb; Amparo; Perrone, 2013). Por isso, treinadores e nutricionistas precisam orientar essa população sobre o uso correto dos suplementos, visando à eficiência no rendimento esportivo em vez de usos recreativos, para os quais há riscos consideráveis à saúde.

O chá preto e o café, por sua vez, têm em comum a presença de cafeína. Como discutimos no Capítulo 2, essa substância exerce um papel estimulante, além de ser liberada para uso em atletas, mas doses acima de 180 mg exercem efeito diurético (Thomas; Erdman; Burke, 2016), o que não ajuda em relação à hidratação.

ııı *Síntese*

Para finalizar o capítulo, preparamos um quadro que sintetiza os principais conteúdos abordados.

Quadro 6.1 Síntese do Capítulo 6

1	A água é o líquido responsável por dissolver as substâncias que ingerimos, bem como por conduzir nutrientes, enzimas, oxigênio, calor e corrente elétrica através do organismo. Manter uma boa quantidade de fluidos corporais é extremamente importante durante o esforço, por isso, estratégias de hidratação devem ser aplicadas em atletas em todos os níveis de comprometimento com o esporte.
2	O exercício é um fator de produção de calor (termogênese), em virtude da contração muscular e da oxidação de nutrientes, ações que podem levar à desidratação se não forem adotadas medidas adequadas de reposição de fluidos. O corpo esfria quando o suor produzido durante o esforço é evaporado da pele. Por isso, quanto mais impedimentos existirem para a evaporação do suor, sejam ambientais, sejam das características da modalidade, sejam do indivíduo, mais aumentarão a temperatura interna, a desidratação e o estresse cardíaco. Com 4% a 6% de redução da massa corporal por desidratação, pode ocorrer fadiga térmica.
3	Para calcular as estratégias de hidratação, deve-se prever o desconforto térmico, a variação usual de massa corporal antes e depois do esforço e a coloração da urina. A quantidade de suor perdida com o exercício é individual e pode chegar a mais de 3 litros por hora, quando combinada com fatores externos como alta temperatura e umidade do ar, radiação solar, uso de equipamentos e esforços intensos de longa duração.
4	O ideal é iniciar a hidratação de duas a 4 horas antes do esforço e prosseguir com ela a cada 15 ou 20 minutos de atividade, com volume de 250 ml por dose ou conforme a tolerância do atleta. A disponibilidade de líquidos durante o treino ou prova esportiva interfere no grau de hidratação do esportista. Imediatamente após o fim do exercício, o atleta deve ser incentivado a beber à vontade, até repor entre 1,25 litro e 1,5 litro de fluidos para cada quilograma de massa corporal perdida.
5	A composição da bebida de reidratação depende da duração do esforço e pode se constituir somente de água gelada ou de água com eletrólitos e carboidratos em pequena quantidade (até 8%). Os eletrólitos (íons de potássio, cálcio, sódio e magnésio) são responsáveis pelo transporte de líquidos para dentro ou para fora das células e pela comunicação entre as células. Bebidas isotônicas são feitas para os atletas ingerirem durante os exercícios e não são recomendadas para substituir refrigerantes, ou seja, não são indicadas para crianças, gestantes, hipertensos, diabéticos ou pessoas com problemas renais.

▪ *Atividades de autoavaliação*

1. Acompanhe o seguinte trecho:

   > A regulação da temperatura durante o exercício em imersão difere daquela do exercício no solo por causa de alterações na condução da temperatura e na habilidade do corpo de dissipar calor. Com a imersão, há menos pele exposta ao ar, resultando em menor oportunidade de dissipar calor por meio dos mecanismos normais de sudorese. (Beirão et al., 2017, p. 64)

   De acordo com as informações do texto citado e com os conteúdos sobre termorregulação, assinale a alternativa que representa uma situação prática que diminui a termogênese durante o esforço:

   a) Uso de plásticos por baixo das roupas para provocar mais sudorese.
   b) Acionamento de todos os ventiladores disponíveis na academia em dias quentes.
   c) Treinamento ao ar livre em dias muito quentes e úmidos.
   d) Redução do consumo de água durante o treino.
   e) Remoção do suor da pele antes de sua evaporação.

2. Leia a citação a seguir:

   > O controle da ingestão adequada de líquido, o monitoramento do estresse térmico do ambiente de treino/jogo e a identificação de sinais ou sintomas relacionados à síncope ou exaustão pelo calor, são procedimentos de extrema importância para assegurar a saúde e maximizar o desempenho dos atletas. (Power; Howley, 2014, citados por Grala et al., 2015, p. 200)

   Com base no excerto lido e nos conteúdos sobre desconforto térmico durante o esforço, indique a alternativa que corresponde à modalidade de maior risco de elevado desconforto térmico:

a) Corrida de aventura.
b) Maratona aquática.
c) Musculação.
d) *Snowboard* (deslizar em prancha na neve).
e) Esporte em quadra fechada.

3. Faça a leitura do trecho a seguir:

> Durante o transcurso das provas esportivas, vários fatores podem interferir de maneira direta ou indireta, provocando alterações dos resultados. Um desses fatores é o estado de desidratação do atleta. Neste contexto, tem-se o conhecimento de que o exercício, principalmente o de longa duração, provoca um quadro de hipohidratação, produzindo alterações no equilíbrio eletrolítico. (Lima; Michels; Amorim, 2007, p. 74)

Levando em consideração essa passagem e com base nos conteúdos sobre bebidas de reposição hídrica, marque a alternativa que representa sinais ou sintomas de que o atleta precisa repor eletrólitos durante o esforço:

a) Fluidez nos movimentos.
b) Cãibras ou dor de cabeça.
c) Vontade de urinar.
d) Sudorese intensa.
e) Sensação de sede.

4. Considere o seguinte fragmento de texto:

> O estresse inerente ao exercício é acentuado pela desidratação, que por sua vez associa-se a aumento da temperatura corporal, prejuízo às respostas fisiológicas e ao desempenho físico, bem como a riscos para a saúde [...] Dessa forma, um adequado estado de hidratação é de suma importância para os participantes de corridas de rua, tanto para um melhor desempenho esportivo, quanto na prevenção dos distúrbios causados pelo calor. (Maia et al., 2015, p. 188)

Avaliando as informações expostas e considerando os conteúdos sobre estratégias de hidratação, qual das alternativas a seguir apresenta como deve ocorrer a hidratação pré-competição?

a) Beber água à vontade até o momento da prova.
b) Parar de beber água duas horas antes do esforço.
c) Tomar água de gole em gole a cada cinco minutos.
d) Parar de se hidratar minutos antes do esforço para excretar o excesso de água.
e) Iniciar a hidratação de duas a quatro horas antes da competição, até a urina adquirir uma cor amarelo-pálida.

5. Leia a seguinte informação:

> é imprescindível que técnicos, preparadores físicos e atletas tenham conhecimento da composição das bebidas esportivas, para que possam escolher aquelas que proporcionam melhor disponibilidade de fluidos, buscando evitar os sintomas da desidratação, visto que as oportunidades de ingestão de fluidos durante a partida (de futebol) são escassas. (Guttierres et al., 2008, p. 159)

Com base nessa informação e considerando os conteúdos sobre bebidas esportivas, destaque a alternativa que aponta a recomendação de uso de bebidas isotônicas:

a) Para crianças e gestantes praticando caminhadas de longa duração.
b) Para substituir os refrigerantes durante as refeições pré-treino.
c) Para a reidratação de atletas durante exercícios físicos com duração acima de uma hora.
d) Para atletas de futebol com hipertensão e histórico de problemas renais.
e) Para qualquer exercício físico realizado sob muito calor, desde o início do esforço.

Atividades de aprendizagem

Questões para reflexão

1. Você está atuando em diversas atividades recreativas no Projeto Verão de sua cidade e percebe que um dos participantes dos jogos de futsal, um homem com excesso de peso, está com plásticos presos por baixo da roupa. Você lhe pergunta o porquê disso e em resposta ele menciona que pretende emagrecer. Qual é o prejuízo à temperatura corporal que o ato de cobrir o corpo com plásticos implica? Como você abordaria a questão da perda de peso em água e a desidratação com esse indivíduo?

2. Seus alunos participarão da famosa Volta à Ilha de Bike, uma aventura de *mountain bike* em Florianópolis em que cada participante deve pedalar 206 km no mesmo dia. A previsão de término da prova é de 12 horas. Para realizar a hidratação dos seus alunos durante o exercício, conforme o que discutimos neste capítulo, quanto de líquido cada atleta deverá ingerir durante toda a prova? Você deverá avaliar, também, as características gerais de temperatura e composição do ambiente. Como treinador, que obstáculos para a hidratação você poderia prever para uma prova longa como essa?

Atividade aplicada: prática

1. Esta é uma atividade simples para treinar a verificação da desidratação em seus futuros alunos ou atletas. Escolha três pessoas que praticam exercícios físicos com regularidade e acompanhe a variação de seus pesos nos treinamentos. Construa uma tabela e anote a massa corporal de cada um deles antes e após os exercícios e verifique as diferenças de peso encontradas. Avalie os resultados lembrando-se de observar que as

condições ambientais e a modalidade praticada podem estar relacionadas com o resultado obtido. Procure descobrir, também, se as pessoas selecionadas para a atividade foram ao banheiro ou beberam água durante o esforço e considere esses fatores na sua análise.

Considerações finais

Como discutimos ao longo desta obra, existem diferentes estratégias nutricionais para atender às necessidades de atletas que se encontram em diferentes estágios do desenvolvimento esportivo. Porém, para ser um excelente profissional de nutrição, não é possível esperar respostas rápidas para as questões que aparecerem, tampouco aguardar a descoberta de algum nutriente excepcional ou recorrer a receitas prontas para indicar aos clientes ou aos alunos. No entanto, o primeiro passo é simples: incentivar os indivíduos a se hidratarem com frequência e a adotarem uma dieta balanceada, explicando-lhes que tais cuidados são fundamentais para a melhora na saúde e no desempenho em todos os níveis de comprometimento com o esporte.

Em seguida, é importante perceber que o fato de muitas pessoas usarem determinado produto ou suplemento não significa que ele é bom ou funcione para os objetivos de qualquer indivíduo que treine. Como expusemos neste livro, a prescrição de suplementos deve ser feita com base em vários fatores individuais; além disso, a maioria dos produtos destinados a atletas tem indicações limitadas a atletas de alto nível ou a públicos especiais, como idosos e vegetarianos. Ainda, a substância ergogênica precisa ser validada, ou seja, comprovada em segurança e efetividade por uma quantidade de estudos que não deixem dúvidas quanto a esses resultados. Todavia, pudemos observar que, para os especialistas dos principais órgãos de estudo sobre nutrição esportiva, poucos são os suplementos que cumprem com essa exigência.

Por fim, devemos lembrar que as estratégias de hidratação e o planejamento nutricional de cada atleta requerem a combinação de muitas variáveis para que realmente tragam os benefícios esperados ao rendimento. A área da nutrição esportiva é muito rica em informações, as quais se renovam constantemente. Por isso, nesta obra, buscamos apresentar, de forma simplificada, apenas uma parte desse universo.

Assim, podemos assumir que não é um livro, um curso rápido ou a leitura de diversos artigos na internet que irá capacitar alguém a indicar suplementos. Além disso, somente podem prescrever esses produtos ou dietas os nutricionistas e os médicos do esporte. No entanto, os demais profissionais da saúde devem transmitir conhecimentos sobre hidratação e dieta balanceada de forma generalizada, contribuindo, assim, com o esclarecimento da população diante de crenças e modismos sociais.

Esperamos que a sua curiosidade, caro leitor, tenha sido despertada pelas noções de nutrição esportiva mostradas nesta obra e que você siga atualizando seus conhecimentos e aprendendo sempre.

Glossário

Acidose metabólica – Perturbação do equilíbrio ácido-base normal devido ao acúmulo de ácidos no organismo.

Aditivos alimentares – Substâncias químicas artificiais utilizadas pela indústria alimentícia para conferir propriedades não naturais aos alimentos com a finalidade de aumentar o tempo de prateleira (conservantes, por exemplo) de tais produtos ou melhorar as características deles aos nossos órgãos sensoriais, conferindo maior sabor, odor ou tato (corantes, aromatizantes e espessantes, entre outros produtos).

Alimentos equivalentes – Alimentos pertencentes a um mesmo grupo alimentar e que por apresentarem função nutricional semelhante podem ser substituídos entre si.

Alimentos termogênicos – Alimentos que causam maior gasto de energia para serem digeridos e, com isso, aumentam a produção de calor e aceleram o metabolismo.

Amenorreia – Ausência ou interrupção da menstruação.

Anabolismo – Metabolismo construtivo em que compostos corporais simples são transformados em compostos mais complexos.

Antioxidantes – Substâncias capazes de neutralizar espécies reativas de oxigênio.

Balanço energético – Relação entre o nível de energia consumida e a quantidade de energia dispendida.

Balanço nitrogenado – Relação entre a ingestão de nitrogênio mediante o consumo de proteínas e a quantidade de nitrogênio excretada pelos rins.

Bulking – Fase de aumento controlado do consumo alimentar, com a finalidade de favorecer o crescimento de massa corporal.

Carreadores – Substâncias responsáveis por realizar o transporte de outras substâncias pelo organismo ou entre as membranas.

Catabolismo – Metabolismo destrutivo em que compostos químicos complexos do organismo são degradados em compostos simples.

Catabólito – Composto simples resultante da destruição de compostos complexos pelo metabolismo destrutivo (catabolismo).

Cofator metabólico – Elemento ou nutriente que auxilia outra substância em determinada reação química no organismo.

Conhecimento baseado em evidências – Definição presente em estudos mais recentes sobre a construção do saber científico, significa que toda informação adotada como verdade entre os pesquisadores deve ser fundamentada em uma sequência de fatores comprovados de eficácia, e não em opiniões isoladas, modismos ou fatores culturais.

Cutting – Fase de redução controlada do consumo alimentar, com a finalidade de reduzir o percentual de gordura corporal.

Deficiência energética relativa ao esporte (DER-S) – Tipo de complicações fisiológicas observadas em atletas que consomem por longo período quantidades de energia insuficientes para manter a saúde e a *performance*.

Dismenorreia – Irregularidade no ciclo menstrual.

Dismorfia muscular – Distorção na percepção corporal que pode levar a práticas alimentares inadequadas e a exercícios físicos excessivos.

Disponibilidade de energia (DE) – Cálculo da energia necessária em relação à massa magra do indivíduo.

Efeito ergogênico – Característica de alimentos e de suplementos ou estratégia de provocar uma evolução no rendimento físico ao melhorar a potência física (produção de energia), a força mental (controle da energia) ou a mecânica do movimento (eficiência energética), prevenindo ou retardando o aparecimento da fadiga.

Efeito térmico do exercício (ETE) – Elevação da produção de calor corporal associado ao aumento da contração muscular.

Efeito térmico dos alimentos (ETA) – Aumento da produção de calor corporal associado à digestão, à assimilação e ao metabolismo de nutrientes energéticos de uma refeição.

Equipe interdisciplinar – Equipe que une profissionais de diversas áreas do conhecimento para trabalhar em torno de um único objetivo, todos com igual importância e trocando conhecimentos de sua área de atuação entre si, pois um depende do trabalho do outro.

Estamina – Sensação de bem-estar e disposição para executar ou continuar realizando uma tarefa física.

Estimulantes – Substâncias capazes de provocar efeitos no sistema nervoso central e que levam à menor percepção da fadiga.

Estresse oxidativo – Situação em que há oxidação de estruturas corporais devido ao acúmulo de espécies reativas de oxigênio para além da capacidade neutralizadora dos antioxidantes.

Exercício extenuante – Exercício físico de alta intensidade ou duração que quase leva o atleta à exaustão física.

Gasto energético total (GET) – Corresponde ao gasto de energia total diário para realizar as reações químicas envolvidas na produção e na utilização de várias formas de energia nas células.

Gliconeogênese – Biossíntese de glicose por meio de precursores que não são hexose ou carboidrato, como lactato, piruvato, alanina e glicerol.

Glut-5 – Carreador intestinal que participa da absorção da frutose ao realizar o transporte dessa substância da luz intestinal para os vasos sanguíneos.

Hidrossolúveis – Substâncias solúveis em meio aquoso.
Hipertrofia muscular – Aumento do volume das fibras musculares provocadas pelo treinamento físico.
Hipoglicemia – Baixa concentração de glicose no sangue.
Índice de massa corporal (IMC) – Relação entre a massa corporal e a altura de um indivíduo, utilizada com frequência para identificar excesso de peso ou magreza na população.
Índice glicêmico – Indicador que expressa os efeitos da ingestão de vários alimentos na taxa de glicose sanguínea.
Intoxicação etílica – Colapso dos sistemas corporais, principalmente do sistema nervoso central e hepático, pelo aumento do nível de álcool no sangue.
Lipossolúveis – Substâncias solúveis em meio lipídico.
Macronutrientes – Nutrientes alimentares necessários ao organismo em quantidades diárias superiores a alguns gramas.
Massa livre de gordura (MLG) – Massa corporal resultante no corpo após a subtração da gordura corporal.
Micronutrientes – Nutrientes alimentares necessários ao organismo em quantidades diárias inferiores a alguns gramas.
Mucosa – Parte do tecido conjuntivo que reveste a camada interna dos sistemas corporais, como o digestivo, entre outros.
Nucleotídeos – Unidades monoméricas das quais se constroem os polímeros de ácido desoxirribonucleico (DNA) ou ácido ribonuicleico (RNA). Consistem de uma base purina ou pirimidina, um açúcar pentose e um grupo fosfato.
Osmolaridade – Quantidade de partículas dissolvidas em meio aquoso, ou seja, a concentração de partículas em uma solução.
Osteopenia – Perda de massa óssea em fase inicial, geralmente assintomática, que pode evoluir para osteoporose.
Osteoporose – Perda de massa óssea a ponto de os ossos não serem capazes de resistir a estresses rotineiros, gerando fraturas.
Porção – Medida padronizada de determinado alimento. Uma porção não é igual para todos os alimentos.

Protagonismo – Capacidade de ser atuante em sua causa, ou seja, ser capaz de buscar seus objetivos e realizar suas tarefas por iniciativa e controle próprios.

Reguladores – Nutrientes que contribuem para as funções de outros nutrientes, auxiliando o metabolismo.

Salubridade – Característica da situação ou do alimento que não afeta negativamente a saúde.

Sarcopenia – Conjunto de alterações na composição muscular que diminuem a força e a potência, levando ao enfraquecimento generalizado. Processo que faz parte do envelhecimento do aparelho locomotor.

SGLT-1 – Carreador intestinal que participa da absorção da glicose ao realizar o transporte dessa substância da luz intestinal para os vasos sanguíneos.

Síntese de proteína muscular (SPM) – Refere-se ao processo que promove a formação de proteínas nos músculos.

Substratos – Elementos por meio dos quais se realiza uma reação química.

Suplemento esportivo – Produto alimentício destinado a atletas acrescido de nutrientes para complementar a dieta ou exercer finalidade ergogênica.

Tamponante – Substância com efeito neutralizador das alterações de potencial de hidrogênio (pH) do meio celular.

Taxa de metabolismo basal (TMB) – Quantidade de energia usada por um organismo para manter a vida no menor nível de química celular.

Taxa de oxidação – Capacidade do organismo de utilizar um substrato para fornecimento de energia.

Taxa metabólica de repouso (TMR) – Corresponde à Taxa de metabolismo basal (TMB) acrescida da energia necessária para as mínimas atividades corporais durante o repouso.

Termorregulação – Conjunto de reações que objetivam manter a temperatura corporal estável.

Transtornos do comportamento – Alterações do comportamento que levam a condutas anormais ou doentias.

Trato gastrointestinal – Estende-se da boca até o ânus e consiste no canal alimentar e seus órgãos apêndices, como fígado, vesícula biliar e pâncreas.

Tríade da mulher atleta – Síndrome composta por três características principais relacionadas entre si: anorexia, amenorreia e osteoporose.

Valências físicas – Qualidades motoras naturais do ser humano trabalhadas nos diferentes esportes.

Valor calórico total (VCT) – Quantidade de energia total calculada para ser ingerida na dieta.

Variáveis de confusão – Condições que podem interferir no resultado de uma pesquisa ou ação.

Vegetarianismo – Escolha alimentar caracterizada pela exclusão de alimentos de origem animal.

Vigorexia – Transtorno do comportamento no qual um indivíduo realiza exercícios físicos de forma excessiva e percebe uma autoimagem corporal distorcida. A vigorexia, muitas vezes, leva o indivíduo a pensar que é muito magro ou frágil.

Referências

ALIZADEH, Z. et al. Acute Effect of Morning and Afternoon Aerobic Exercise on Appetite of Overweight Women. **Asian Journal of Sports Medicine**, v. 6, n. 2, p. 1-6, Jun. 2015. 1. Disponível em: <https://www.ncbi.nlm.nih.gov/pmc/articles/PMC4592764/>. Acesso em: 19 mar. 2018.

ALMEIDA, P. de J. et al. Avaliação do perfil bioquímico de praticantes de exercícios físicos consumidores de suplementos alimentares. **Atas de Ciências da Saúde**, v. 3, n. 1, p. 30-40, 2015. Disponível em: <http://www.revistaseletronicas.fmu.br/index.php/ACIS/article/download/1076/957>. Acesso em: 1º mar. 2018.

ALOUI, A. et al. Listening to Music During Warming-Up Counteracts the Negative Effects of Ramadan Observance on Short-Term Maximal Performance. **Plos One**, v. 10, n. 8, p. 1-9, Aug. 2015. Disponível em: <http://journals.plos.org/plosone/article?id=10.1371/journal.pone.0136400>. Acesso em: 28 fev. 2018.

ANDRADE JÚNIOR, C. D. de et al. *Parkour*: mensuração do metabolismo energético e morfofisiológico de seus praticantes. **Revista Brasileira de Medicina do Esporte**, São Paulo, v. 22, n. 1, p. 35-39, jan./fev. 2016. Disponível em: <http://www.scielo.br/pdf/rbme/v22n1/1517-8692-rbme-22-01-00035.pdf>. Acesso em: 27 fev. 2018.

ARAGÃO, W. M.; ISBERNER, I. V.; CRUZ, E. M. de O. **Água-de-coco**. Aracaju: Embrapa Tabuleiros Costeiros, 2001. (Embrapa Tabuleiros Costeiros. Documentos, 24). Disponível em: <https://www.infoteca.cnptia.embrapa.br/infoteca/bitstream/doc/370873/1/CPATCDOC.2401.pdf>. Acesso em: 5 mar. 2018.

ARAÚJO, E. de S. et al. Impacto da suplementação de vitamina C sobre níveis de peroxidação lipídica e glutationa reduzida em tecido hepático de camundongos com imunossupressão induzida por ciclofosfamida. **Revista de Nutrição**, Campinas, v. 29, n. 4, p. 579-587, jul./ago. 2016. Disponível em: <http://www.scielo.br/pdf/rn/v29n4/1415-5273-rn-29-04-00579.pdf>. Acesso em: 5 mar. 2018.

ASSOCIAÇÃO Portuguesa dos Nutricionistas. **Dieta mediterrânica**: um padrão de alimentação saudável. Porto: Associação Portuguesa dos Nutricionistas, 2014. E-book n° 34. Disponível em: <http://www.apn.org.pt/documentos/ebooks/Ebook_Dieta_Mediterranica.pdf>. Acesso em: 21 fev. 2018.

ASTRAND, P.-O.; RODAHL, K. **Textbook of Work Physiology**: Physiological Bases of Exercise. New York: McGraw-Hill, 1977.

ATKINSON, F. S.; FOSTER-POWELL, K.; BRAND-MILLER, J. C. International Tables of Glycemic Index and Glycemic Load Values: 2008. **Diabetes Care**, v. 31, n. 12, p. 2281-2283, Dec. 2008.

BARZEL, U. S.; MASSEY, L. K. Excess Dietary Protein Can Adversely Affect Bone. **The Journal of Nutrition**, v. 128, n. 6, p. 1051-1053, Jun. 1998.

BECKER, L. K. et al. Efeitos da suplementação nutricional sobre a composição corporal e o desempenho de atletas: uma revisão. **Revista Brasileira de Nutrição Esportiva**, São Paulo. v. 10, n. 55, p. 93-111, jan./fev. 2016. Disponível em: <http://www.rbne.com.br/index.php/rbne/article/view/549/531>. Acesso em: 5 mar. 2018.

BEIRÃO, E. F. et al. Fundamentos da termorregulação para hidroterapia. **Revista Ibirapuera**, São Paulo, n. 13, p. 62-70, jan./jun. 2017. Disponível em: <http://seer.unib.br/index.php/rev/article/download/110/135>. Acesso em: 5 mar. 2018.

BINNS, A.; GRAY, M.; DI BREZZO, R. Thermic Effect of Food, Exercise, and Total Energy Expenditure in Active Females. **Journal of Science and Medicine in Sport**, v. 18, n. 2, p. 204-208, Mar. 2015.

BOMPA, T. O. **Periodização**: teoria e metodologia do treinamento. 4. ed. São Paulo: Phorte, 2002.

BRASIL. Ministério da Saúde. Universidade Federal de Minas Gerais. **Desmistificando dúvidas sobre alimentação e nutrição**: material de apoio para profissionais de saúde. Brasília: Ministério da Saúde, 2016. Disponível em: <http://189.28.128.100/dab/docs/portaldab/publicacoes/desmistificando_duvidas_alimentacao.pdf>. Acesso em: 22 fev. 2018.

BRASIL. Ministério da Saúde. Agência Nacional de Vigilância Sanitária. Resolução de Diretoria Colegiada RDC n. 18, de 27 de abril de 2010. **Diário Oficial da União**, Brasília, DF, 28 abr. 2010. Disponível em: <http://portal.anvisa.gov.br/documents/10181/2718376/RDC_18_2010_COMP.pdf/1f6e1baf-fd83-4408-8e97-07578fe3db18>. Acesso em: 28 fev. 2018.

BRASIL. Ministério da Saúde. Secretaria de Atenção à Saúde. Departamento de Atenção Básica. **Guia alimentar para a população brasileira**. 2. ed. Brasília: Ministério da Saúde, 2014. Disponível em: <http://bvsms.saude.gov.br/bvs/publicacoes/guia_alimentar_populacao_brasileira_2ed.pdf>. Acesso em: 5 mar. 2018.

BUFORD, T. W. et al. International Society of Sports Nutrition Position Stand: Creatine Supplementation and Exercise. **Journal of International Society of Sports Nutrition**, v. 4, n. 6, p. 1-8, Aug. 2007. Disponível em: <https://www.ncbi.nlm.nih.gov/pmc/articles/PMC2048496/>. Acesso em: 19 mar. 2018.

CABRAL, C. A. C. et al. Diagnóstico do estado nutricional dos atletas da equipe olímpica permanente de levantamento de peso do Comitê Olímpico Brasileiro (COB). **Revista Brasileira de Medicina do Esporte**, São Paulo, v. 12, n. 6, p. 345-350, nov./dez. 2006. Disponível em: <http://www.scielo.br/pdf/rbme/v12n6/a09v12n6>. Acesso em: 28 fev. 2018.

CANADIAN Humidex Calculator. **CSGNetwork**, 2011. Disponível em <http://www.csgnetwork.com/canhumidexcalc.html>. Acesso em: 5 mar. 2018.

CANALE, R. E. et al. Influence of Acute Exercise of Varying Intensity and Duration on Postprandial Oxidative Stress. **European Journal of Applied Physiology**, v. 114, n. 9, p. 1913-1924, Sept. 2014.

CARVALHO, J. M. de et al. Água-de-coco: propriedades nutricionais, funcionais e processamento. **Semina: Ciências Agrárias**, Londrina, v. 27, n. 3, p. 437-452, jul./set. 2006. 3. Disponível em: <http://www.uel.br/revistas/uel/index.php/semagrarias/article/download/2472/2103>. Acesso em: 20 mar. 2018.

CASTRO-SEPÚLVEDA, M. et al. El consumo de leche posterior al ejercicio disminuye la excreción de electrolitos. **Revista Internacional de Medicina y Ciencias de la Actividad Física y del Deporte**, v. 16, n. 62, p. 221-228, jun. 2016. 4. Disponível em: <https://repositorio.uam.es/bitstream/handle/10486/671470/RIMCAFD_62_3.pdf?sequence=1&isAllowed=y>. Acesso em: 20 mar. 2018.

CATANIA, A. S.; BARROS, C. R. de; FERREIRA, S. R. G. Vitaminas e minerais com propriedades antioxidantes e risco cardiometabólico: controvérsias e perspectivas. **Arquivos Brasileiros de Endocrinologia e Metabologia**, v. 53, n. 5, p. 550-559, 2009. Disponível em: <http://www.scielo.br/pdf/abem/v53n5/08.pdf>. Acesso em: 20 mar. 2018.

CATHCART, A. J. et al. Combined Carbohydrate-Protein Supplementation Improves Competitive Endurance Exercise Performance in the Heat. **European Journal of Applied Physiology**, v. 111, n. 9, p. 2051-2061, Sept. 2011.

CHOWDHURY, E. A. et al. The Causal Role of Breakfast in Energy Balance and Health: a Randomized Controlled Trial in Obese Adults. **The American Journal of Clinical Nutrition**, v. 103, n. 3, p. 747-756, Mar. 2016. Disponível em: <https://www.ncbi.nlm.nih.gov/pmc/articles/PMC4763497/>. Acesso em: 28 fev. 2018.

CLARK, N. **Guia de nutrição desportiva**: alimentação para uma vida ativa. 2. ed. Porto Alegre: Artmed, 1998.

CLAYTON, D. J. et al. Effect of Breakfast Omission on Energy Intake and Evening Exercise Performance. **Medicine and Science in Sports and Exercise**, v. 47, n. 12, p. 2645-2652, Dec. 2015.

COCATE, P. G.; MARINS, J. C. B. Efeito de três ações de "café da manhã" sobre a glicose sanguínea durante um exercício de baixa intensidade realizado em esteira rolante. **Revista Brasileira de Cineantropometria e Desempenho Humano**, Florianópolis, v. 9, n. 1, p. 67-75, mar. 2007. Disponível em: <https://periodicos.ufsc.br/index.php/rbcdh/article/download/4035/16727>. Acesso em: 1º mar. 2018.

COSTALLAT, B. L. et al. Resistência à insulina com a suplementação de creatina em animais de experimentação. **Revista Brasileira de Medicina do Esporte**, São Paulo, v. 13, n. 1, p. 22-26, jan./fev. 2007. Disponível em: <http://www.scielo.br/pdf/rbme/v13n1/06.pdf>. Acesso em: 28 fev. 2018.

COUTINHO, A. S. **Conforto e insalubridade térmica em ambientes de trabalho**. João Pessoa: Edições PPGEP, 1998.

CRIGHTON, B.; CLOSE, G. L.; MORTON, J. P. Alarming Weight Cutting Behaviours in Mixed Martial Arts: a Cause for Concern and a Call for Action. **British Journal of Sports Medicine**, v. 50, n. 8, p. 446-447, Apr. 2016.

CURI, R. et al. **Entendendo a gordura**: os ácidos graxos. Barueri: Manole, 2002.

FARIA, V. C. de et al. Índice glicêmico da refeição pré-exercício e metabolismo da glicose na atividade aeróbica. **Revista Brasileira de Medicina do Esporte**, São Paulo, v. 20, n. 2, p. 156-160, mar./abr. 2014. Disponível em: <http://www.scielo.br/pdf/rbme/v20n2/1517-8692-rbme-20-02-00156.pdf>. Acesso em: 1º mar. 2018.

_____. Influência do índice glicêmico na glicemia em exercício físico aeróbico. **Motriz: Revista de Educação Física**, Rio Claro, v. 17, n. 3, p. 395-405, jul./set. 2011. Disponível em: <http://www.scielo.br/pdf/motriz/v17n3/03.pdf>. Acesso em: 1º mar. 2018.

FARINATTI, P. de T. V. Apresentação de uma versão em português do Compêndio de Atividades Físicas: uma contribuição aos pesquisadores e profissionais em fisiologia do exercício. **Revista Brasileira de Fisiologia do Exercício**, v. 2, p. 177-208, 2003.

FERREIRA, A. M. D.; BARBOSA, P. E. B.; CEDDIA, R. B. A influência da suplementação de triglicerídeos de cadeia média no desempenho em exercícios de ultra-resistência. **Revista Brasileira de Medicina do Esporte**, São Paulo, v. 9, n. 6, p. 413-419, nov./dez. 2003. Disponível em: <http://www.scielo.br/pdf/rbme/v9n6/18938.pdf>. Acesso em: 5 mar. 2018.

FERREIRA, V. R.; BENTO, A. P. N.; SILVA, M. R. Consumo alimentar, perfil antropométrico e conhecimentos em nutrição de corredores de rua. **Revista Brasileira de Medicina do Esporte**, São Paulo, v. 21, n. 6, p. 457-461, nov./dez. 2015. Disponível em: <http://www.scielo.br/pdf/rbme/v21n6/1517-8692-rbme-21-06-00457.pdf>. Acesso em: 22 fev. 2018.

FETT, C. A. et al. A suplementação de ácidos graxos ômega 3 e triglicérides de cadeia média não alteram os indicadores metabólicos em um teste de exaustão. **Revista Brasileira de Medicina do Esporte**, São Paulo, v. 10, n. 1, p. 44-55, jan./fev. 2004. Disponível em: <http://www.scielo.br/pdf/rbme/v10n1/04.pdf>. Acesso em: 5 mar. 2018.

FONTAN, J. dos S.; AMADIO, M. B. O uso do carboidrato antes da atividade física como recurso ergogênico: revisão sistemática. **Revista Brasileira de Medicina do Esporte**, São Paulo, v. 21, n. 2, p. 153-157, mar./abr. 2015. Disponível em: <http://www.scielo.br/pdf/rbme/v21n2/1517-8692-rbme-21-02-00153.pdf>. Acesso em: 28 fev. 2018.

FORTES, L. de S.; FERREIRA, M. E. C. Comportamento alimentar inadequado: comparações em função do comprometimento ao exercício. **Arquivos Brasileiros de Psicologia**, Rio de Janeiro, v. 65, n. 2, p. 230-242, 2013. Disponível em: <http://pepsic.bvsalud.org/pdf/arbp/v65n2/06.pdf>. Acesso em: 22 fev. 2018.

FRANCO, G. **Tabela de composição química dos alimentos**. 9. ed. Rio de Janeiro: Atheneu, 1999.

FUHRMAN, J.; FERRERI, D. M. Fueling the Vegetarian (Vegan) Athlete. **Current Sports Medicine Reports**, v. 9, n. 4, p. 233-241, July/Aug. 2010. Disponível em: <https://www.drfuhrman.com/content-image.ashx?id=65m12qvx5stmidc00uft3w>. Acesso em: 20 mar. 2018.

FUNDACIÓN DIETA MEDITERRÁNEA. **A pirâmide da dieta mediterrânica**: um estilo de vida para os dias de hoje – recomendações para a população adulta. 2010. Disponível em: <https://dietamediterranea.com/piramidedm/piramide_PORTUGUES.pdf>. Acesso em: 21 fev. 2018.

GALVAN, E. et al. Acute and Chronic Safety and Efficacy of Dose Dependent Creatine Nitrate Supplementation and Exercise Performance. **Journal of the International Society of Sports Nutrition**, v. 13, n. 12, p. 1-24, Mar. 2016. Disponível em: <https://jissn.biomedcentral.com/articles/10.1186/s12970-016-0124-0>. Acesso em: 20 mar. 2018.

GAZZINELLI, M. L. T. et al. Efeitos da ingestão de diferentes fontes lipídicas na mucosite em camundongos submetidos à quimioterapia com ARA-C. **Revista Médica de Minas Gerais**, Belo Horizonte, v. 20, n. 3, p. 310-316, jul./set. 2010. Disponível em: <http://rmmg.org/artigo/detalhes/358#>. Acesso em: 20 mar. 2018.

GHORAYEB, N.; AMPARO, F.; PERRONE, C. Bebidas isotônicas e energéticas, suas diferenças cruciais. **Revista DERC**, Rio de Janeiro, v. 19, n. 1, p. 11-12, 2013. Disponível em: <http://departamentos.cardiol.br/sbc-derc/revista/2013/19-1/pdf/04-artigo-bebidas.pdf>. Acesso em: 20 mar. 2018.

GOMES, H. M. dos S.; TEIXEIRA, E. M. B. Pirâmide alimentar: guia para alimentação saudável. **Boletim Técnico IFTM**, Uberaba, v. 2, n. 3, p. 10-15, set./dez. 2016. Disponível em: <http://editora.iftm.edu.br/index.php/boletimiftm/article/view/193/93>. Acesso em: 21 fev. 2018.

GOMES, L. P. S. et al. Estado de hidratação em ciclistas após três formas distintas de reposição hídrica. **Revista Brasileira de Ciência e Movimento**, v. 22, n. 3, p. 89-97, 2014. Disponível em: <https://portalrevistas.ucb.br/index.php/RBCM/article/view/4778/3374>. Acesso em: 5 mar. 2018.

GONÇALVES, M. P. M. et al. Nutrição e exercício físico como forma de prevenção ou regressão da aterosclerose. **Revista Saúde UniToledo**, Araçatuba, v. 1, n. 1, p. 3-19, mar./ago. 2017. Disponível em: <http://www.ojs.toledo.br/index.php/saude/article/download/26/114>. Acesso em: 2 mar. 2018.

GONZÁLEZ, E. E.; DAW, M. de J. M.; LUJAN, R. C. Efectos en el rendimiento físico de la ingesta de suplementos con carbohidratos y proteína durante el ejercicio: revisión sistemática. **Nutrición Hospitalaria**, Madrid, v. 32, n. 5, p. 1926-1935, nov. 2015. Disponível em: <http://www.aulamedica.es/nh/pdf/9645.pdf>. Acesso em: 20 mar. 2018.

GOSTON, J. L.; MENDES, L. L. Perfil nutricional de praticantes de corrida de rua de um clube esportivo da cidade de Belo Horizonte, MG, Brasil. **Revista Brasileira de Medicina do Esporte**, São Paulo, v. 17, n. 1, p. 13-17, jan./fev. 2011. Disponível em: <http://www.scielo.br/pdf/rbme/v17n1/v17n1a02.pdf>. Acesso em: 27 fev. 2018.

GRALA, A. P. et al. Efeito do estresse térmico sobre a frequência cardíaca, gasto energético, perda hídrica e ingestão de água em jogadores de voleibol. **Arquivos de Ciência da Saúde Unipar**, Umuarama, v. 19, n. 3, p. 199-203, set./dez. 2015. Disponível em: <http://revistas.unipar.br/index.php/saude/article/download/5681/3238>. Acesso em: 5 mar. 2018.

GUERRA, A. P. et al. Efeitos do consumo ou suplementação de ômega-3 e do exercício físico na prevenção e tratamento da depressão. **Revista Brasileira de Nutrição Esportiva**, São Paulo v. 2, n. 9, p. 145-153, maio/jun. 2008. Disponível em: <http://www.rbne.com.br/index.php/rbne/article/download/62/61>. Acesso em: 5 mar. 2018.

GUTTIERRES, A. P. M. et al. Efeito de bebida esportiva cafeinada sobre o estado de hidratação de jogadores de futebol. **Revista Brasileira de Ciências do Esporte**, Campinas, v. 29, n. 2, p. 147-163, jan. 2008. Disponível em: <http://revista.cbce.org.br/index.php/RBCE/article/download/123/132>. Acesso em: 5 mar. 2018.

HARRIS, J. A.; BENEDICT, F. G. A Biometric Study of Human Basal Metabolism. **Proceedings of the National Academy of Sciences of the United States of America**, v. 4, n. 12, p. 370-373, Dec. 1918. Disponível em: <http://www.pnas.org/content/4/12/370>. Acesso em: 20 mar. 2018.

HERNANDEZ, A. J.; NAHAS, R. M. (Ed.). Modificações dietéticas, reposição hídrica, suplementos alimentares e drogas: comprovação de ação ergogênica e potenciais riscos para a saúde. **Revista Brasileira de Medicina do Esporte**, São Paulo, v. 15, n. 3, p. 3-12, maio/jun. 2009. Suplemento. Disponível em: <http://www.scielo.br/pdf/rbme/v15n3s0/v15n3s0a01.pdf>. Acesso em: 21 fev. 2018.

HOWE, S. M. et al. No Effect of Exercise Intensity on Appetite in Highly-Trained Endurance Women. **Nutrients**, v. 8, n. 4, p. 1-13, Apr. 2016. Disponível em: <https://www.ncbi.nlm.nih.gov/pmc/articles/PMC4848691/>. Acesso em: 20 mar. 2018.

HOYT, R. W.; HONIG, A. Body Fluid and Energy Metabolism at High Altitude. **Comprehensive Physiology**, p. 1277-1289, 2011.

JAMES, L. Milk Protein and the Restoration of Fluid Balance After Exercise. **Medicine and Sports Science**, n. 59, p. 120-126, 2012.

JENKINS, D. J. A. et al. Glycemic Index of Foods: a Physiological Basis for Carbohydrate Exchange. **The American Journal of Clinical Nutrition**, v. 34, n. 3, p. 362-366, Mar. 1981.

JOHANN, B. et al. Efeitos da suplementação de carboidratos sobre desempenho físico e metabólico em jogadores de futebol treinados e não treinados. **Revista Brasileira de Nutrição Esportiva**, São Paulo, v. 9, n. 54, p. 544-552, nov./dez. 2015. Disponível em: <http://www.rbne.com.br/index.php/rbne/article/download/582/515>. Acesso em: 28 fev. 2018.

KANNO, P. et al. Dieta ideal *versus* desempenho esportivo: um estudo sobre os estereótipos nutricionais aplicados por triatletas. **Revista Brasileira de Cineantropometria e Desempenho Humano**, v. 11, n. 4, p. 444-448, 2009. Disponível em: <https://periodicos.ufsc.br/index.php/rbcdh/article/view/10037/10908>. Acesso em: 22 fev. 2018.

KATCH, F. I.; MCARDLE, W. D. **Nutrição, exercício e saúde**. 4. ed. Rio de Janeiro: Medsi, 1996.

KOWALCHUK, J. M.; HEIGENHAUSER, G. J.; JONES, N. L. Effect of pH on Metabolic and Cardiorespiratory Responses During Progressive Exercise. **Journal of Applied Physiology**, v. 57, n. 5, p. 1558-1563, Nov. 1984.

LACERDA, F. M. M. et al. Factors Associated with Dietary Supplement Use by People who Exercise at Gyms. **Revista de Saúde Pública**, São Paulo, v. 49, n. 63, p. 1-9, 2015. Disponível em: <https://scielosp.org/pdf/rsp/v49/0034-8910-rsp-S0034-89102015049005912.pdf>. Acesso em: 19 mar. 2018.

LARSON-MEYER, D. E. et al. Influence of Running and Walking on Hormonal Regulators of Appetite in Women. **Journal of Obesity**, v. 2012, p. 1-15, 2012. Disponível em: <https://www.hindawi.com/journals/jobe/2012/730409/>. Acesso em: 19 mar. 2018.

LIMA, C. de; MICHELS, M. F.; AMORIM, R. Os diferentes tipos de substratos utilizados na hidratação do atleta para melhora do desempenho. **Revista Brasileira de Nutrição Esportiva**, São Paulo, v. 1, n. 1, p. 73-83, jan./fev. 2007. Disponível em: <http://www.rbne.com.br/index.php/rbne/article/download/10/10>. Acesso em: 5 mar. 2018.

LOPES, F. G. et al. Conhecimento sobre nutrição e consumo de suplementos em academias de ginástica de Juiz de Fora, Brasil. **Revista Brasileira de Medicina do Esporte**, São Paulo, v. 21, n. 6, p. 451-456, nov./dez. 2015. Disponível em: <http://www.scielo.br/pdf/rbme/v21n6/1517-8692-rbme-21-06-00451.pdf>. Acesso em: 22 fev. 2018.

LOPES, R. F.; OSIECKI, R.; RAMA, L. M. P. L. Resposta da frequência cardíaca e da concentração de lactato após cada segmento do triathlon olímpico. **Revista Brasileira de Medicina do Esporte**, São Paulo, v. 18, n. 3, p. 158-160, maio/jun. 2012. Disponível em: <http://www.scielo.br/pdf/rbme/v18n3/03.pdf>. Acesso em: 20 mar. 2018.

MAHAN, L. K.; ESCOTT-STUMP, S. **Krause**: alimentos, nutrição e dietoterapia. 10. ed. São Paulo: Roca, 2002.

MAIA, E. C. et al. Estado de hidratação de atletas em corrida de rua de 15 km sob elevado estresse térmico. **Revista Brasileira de Medicina do Esporte**, São Paulo, v. 21, n. 3, p. 187-191, maio/jun. 2015. Disponível em: <http://www.scielo.br/pdf/rbme/v21n3/1517-8692-rbme-21-03-00187.pdf>. Acesso em: 5 mar. 2018.

MARTINEZ-RODRIGUEZ, A. Efectos de la dieta y práctica de deportes aeróbicos o anaeróbicos sobre los trastornos del comportamiento alimentario. **Nutrición Hospitalaria**, Madrid, v. 31, n. 3, p. 1240-1245, 2015. Disponível em: <http://scielo.isciii.es/pdf/nh/v31n3/33originaldeporteyejercicio03.pdf>. Acesso em: 19 mar. 2018.

MCCARTHY, C. G. et al. High-Fat Feeding, but not Strenuous Exercise, Increases Blood Oxidative Stress in Trained Men. **Applied Physiology, Nutrition, and Metabolism**, v. 38, n. 1, p. 33-41, Jan. 2013.

MILLER, S. L. et al. The Effects of Nutritional Supplementation Throughout an Endurance Run on Leucine Kinetics During Recovery. **International Journal of Sport Nutrition and Exercise Metabolism**, v. 17, n. 5, p. 456-467, Oct. 2007.

MOLINA, G. E.; ROCCO, G. F.; FONTANA, K. E. Desempenho da potência anaeróbia em atletas de elite do *mountain bike* submetidos à suplementação aguda com creatina. **Revista Brasileira de Medicina do Esporte**, São Paulo, v. 15, n. 5, p. 374-377, set./out. 2009. Disponível em: <http://www.scielo.br/pdf/rbme/v15n5/11.pdf>. Acesso em: 28 fev. 2018.

MOREIRA, F. P.; RODRIGUES, K. L. Conhecimento nutricional e suplementação alimentar por praticantes de exercícios físicos. **Revista Brasileira de Medicina do Esporte**, São Paulo, v. 20, n. 5, p. 370-373, set./out. 2014. Disponível em: <http://www.scielo.br/pdf/rbme/v20n5/1517-8692-rbme-20-05-00370.pdf>. Acesso em: 22 fev. 2018.

MORENO, A. G. La cafeína y su efecto ergogénico en el deporte (primera parte). **Archivos de Medicina del Deporte**, v. 33, n.3, p. 200-206, maio/jun. 2016a. Disponível em: <http://archivosdemedicinadeldeporte.com/articulos/upload/rev02_moreno.pdf>. Acesso em: 19 mar. 2018.

_____. La cafeína y su efecto ergogénico en el deporte (segunda parte). Disponível em: <http://archivosdemedicinadeldeporte.com/articulos/upload/rev01_moreno_parte2.pdf>. Acesso em: 19 mar. 2018. **Archivos de Medicina del Deporte**, v. 33, n. 4, p. 259-266, jul. 2016b.

OLIVEIRA-COSTA, M. S. de; MENDONÇA, A. V. M. Alimentação saudável, políticas públicas e a imprensa: do que estamos falando? **Razón Y Palabra**, v. 20, n. 3 (94), p. 443-456, jul./set. 2016. Disponível em: <http://www.revistarazonypalabra.org/index.php/ryp/article/view/716/730>. Acesso em: 27 fev. 2018.

PALLARÉS, J. G. et al. Muscle Contraction Velocity, Strength and Power Output Changes Following Different Degrees of Hypohydration in Competitive Olympic Combat Sports. **Journal of International Society of Sports Nutrition**, v. 13, n. 10, p. 1-9, Mar. 2016.

PANZA, V. P. et al. Consumo alimentar de atletas: reflexões sobre recomendações nutricionais, hábitos alimentares e métodos para avaliação do gasto e consumo energéticos. **Revista de Nutrição**, Campinas, v. 20, n. 6, p. 681-692, nov./dez. 2007. Disponível em: <http://www.scielo.br/pdf/rn/v20n6/a10v20n6.pdf>. Acesso em: 22 fev. 2018.

PASIAKOS, S. M. et al. Human Muscle Protein Synthetic Responses During Weight-Bearing and Non-Weight-Bearing Exercise: a Comparative Study of Exercise Modes and Recovery Nutrition. **Plos One**, v. 10, n. 10, p. 1-16, Oct. 2015. Disponível em: <http://journals.plos.org/plosone/article?id=10.1371/journal.pone.0140863>. Acesso em: 2 mar. 2018.

PEDROSO, C. de O.; VICENZI, K.; ZANETTE, C. Efeitos do estresse oxidativo e o uso de suplementação entre atletas. **Revista Brasileira de Nutrição Esportiva**, São Paulo, v. 9, n. 53, p. 480-490, set./out. 2015. Disponível em: <http://www.rbne.com.br/index.php/rbne/article/view/575/504>. Acesso em: 5 mar. 2018.

PEINADO, A. B.; ROJO-TIRADO, M. A.; BENITO, P. J. El azúcar y el ejercicio físico: su importancia en los deportistas. **Nutrición Hospitalaria**, Madrid, v. 28, supl. 4, p. 48-56, jul. 2013. Disponível em: <http://scielo.isciii.es/scielo.php?script=sci_arttext&pid=S0212-16112013001000006>. Acesso em: 20 mar. 2018.

PEREIRA, L. et al. Judocas em fase de crescimento competem em categorias de peso adequadas para a sua idade? **Revista Brasileira de Nutrição Esportiva**, São Paulo, v. 9, n. 54, p. 563-571, nov./dez. 2015. Disponível em: <http://www.rbne.com.br/index.php/rbne/article/view/584/513>. Acesso em: 27 fev. 2018.

PINTO, A. C. L. et al. Água de coco em pó como suplemento hidroeletrolítico e energético para atletas. **Revista Brasileira de Medicina do Esporte**, São Paulo, v. 21, n. 5, p. 390-394, set./out. 2015. Disponível em: <http://www.scielo.br/pdf/rbme/v21n5/1806-9940-rbme-21-05-00390.pdf>. Acesso em: 20 mar. 2018.

POPRZECKI, S. et al. Modification of Blood Antioxidant Status and Lipid Profile in Response to High-Intensity Endurance Exercise After Low Doses of Omega-3 Polyunsaturated Fatty Acids Supplementation in Healthy Volunteers. **International Journal of Food Sciences and Nutrition**, n. 60, suppl. 2, p. 67-79, Aug. 2009.

ROGERO, M. M.; TIRAPEGUI, J. Aspectos atuais sobre aminoácidos de cadeia ramificada e exercício físico. **Revista Brasileira de Ciências Farmacêuticas**, v. 44, n. 4, p. 563-575, out./dez. 2008. Disponível em: <http://www.scielo.br/pdf/rbcf/v44n4/v44n4a04.pdf>. Acesso em: 2 mar. 2018.

ROZA, A. M.; SHIZGAL, H. M. The Harris Benedict Equation Reevaluated: Resting Energy Requirements and the Body Cell Mass. **The American Journal of Clinical Nutrition**, v. 40, n. 1, p. 168-182, Jul. 1984.

SANTOS, E. C. B. dos; RIBEIRO, F. E. de O.; LIBERALI, R. Comportamento alimentar pré-treino de praticantes de exercício físico do período da manhã de uma academia de Curitiba – PR. **Revista Brasileira de Nutrição Esportiva**, São Paulo, v. 5, n. 28, p. 305-316, jul./ago. 2011. Disponível em: <http://www.rbne.com.br/index.php/rbne/article/view/269/271>. Acesso em: 22 fev. 2018.

SANTOS, R. D. et al. I diretriz sobre o consumo de gorduras e saúde cardiovascular. **Arquivos Brasileiros de Cardiologia**, v. 100, n. 1, p. 1-40, jan. 2013. Suplemento 3. Disponível em: <http://www.scielo.br/pdf/abc/v100n1s3/v100n1s3a01.pdf>. Acesso em: 21 fev. 2018.

SAWKA, M. N.; CHEUVRONT, S. N.; KENEFICK, R. W. Hypohydration and Human Performance: Impact of Environment and Physiological Mechanisms. **Sports Medicine**, n. 45, Suppl. 1, p. 51-60, Nov. 2015.

SBME – Sociedade Brasileira de Medicina do Exercício e do Esporte. Disponível em: <http://medicinadoesporte.org.br>. Acesso em: 5 mar. 2018.

SCHNEIDER, C. D.; OLIVEIRA, A. R. de. Radicais livres de oxigênio e exercício: mecanismos de formação e adaptação ao treinamento físico. **Revista Brasileira de Medicina do Esporte**, São Paulo, v. 10, n. 4., p. 308-313, jul./ago. 2004. Disponível em: <http://www.scielo.br/pdf/rbme/v10n4/22047.pdf>. Acesso em: 20 mar. 2018.

SCORSATTO, M. et al. Avaliação de compostos bioativos, composição físico-química e atividade antioxidante *in vitro* da farinha de berinjela. **International Journal of Cardiovascular Sciences**, v. 30, n. 3, p. 235-242, maio/jun. 2017. Disponível em: <http://www.scielo.br/pdf/ijcs/v30n3/pt_2359-4802-ijcs-30-03-0235.pdf>. Acesso em: 5 mar. 2018.

SGARBIERI, V. C. Propriedades fisiológicas-funcionais das proteínas do soro de leite. **Revista de Nutrição**, Campinas, v. 17, n. 4, p. 397-409, out./dez. 2004. Disponível em: <http://www.scielo.br/pdf/rn/v17n4/22889.pdf>. Acesso em: 2 mar. 2018.

_____. **Proteínas em alimentos proteicos**: propriedades, degradações, modificações. São Paulo: Varela, 1996.

SHEPHARD, R. J. Sport Participation and Ramadan Observance: Advice for the Athlete. **Journal of Fasting and Health**, v. 3, n. 2, p. 65-73, Spring 2015. Disponível em: <http://jfh.mums.ac.ir/article_4670_7d15a3a20c3beb72dde52a981e8551bc.pdf>. Acesso em: 28 fev. 2018.

_____. The Impact of Ramadan Observance upon Athletic Performance. **Nutrients**, v. 4, n. 6, p. 491-505, Jun. 2012. Disponível em: <https://www.ncbi.nlm.nih.gov/pmc/articles/PMC3397348/>. Acesso em: 19 mar. 2018.

SILVA, A. L. da; MIRANDA, G. D. F.; LIBERALI, R. A influência dos carboidratos antes, durante e após-treinos de alta intensidade. **Revista Brasileira de Nutrição Esportiva**, São Paulo. v. 2, n. 10, p. 211-224, jul./ago. 2008. Disponível em: <http://www.rbne.com.br/index.php/rbne/article/view/67/66>. Acesso em: 5 mar. 2018.

SILVA, H. et al. Avaliação do conhecimento em nutrição esportiva de profissionais de Educação Física em um clube esportivo de São Paulo. **Revista Brasileira de Nutrição Esportiva**, São Paulo, v. 10, n. 56, p. 241-247, mar./abr. 2016. Disponível em: <http://www.rbne.com.br/index.php/rbne/article/download/631/546>. Acesso em: 28 fev. 2018.

SOUSA, M. M. S. de; NAVARRO, F. A suplementação de carboidratos e a fadiga em praticantes de atividades de endurance. **Revista Brasileira de Nutrição Esportiva**, São Paulo, v. 4, n. 24, p. 462-474, nov./dez. 2010. Disponível em: <http://www.rbne.com.br/index.php/rbne/article/download/217/206>. Acesso em: 1º mar. 2018.

SOUZA, A. de M. et al. Impacto da redução do teor de sódio em alimentos processados no consumo de sódio no Brasil. **Cadernos de Saúde Pública**, Rio de Janeiro, v. 32, n. 2, p. 1-10, fev. 2016. Disponível em: <http://www.scielo.br/pdf/csp/v32n2/0102-311x-csp-0102-311x00064615.pdf>. Acesso em: 22 fev. 2018.

SOUZA, C. L. de; OLIVEIRA, M. R. M. de. Fatores associados ao metabolismo energético na obesidade. **Nutrire**, São Paulo, v. 35, n. 2, p. 145-164, ago. 2010. Disponível em: <http://files.bvs.br/upload/S/1519-8928/2010/v35n2/a0011.pdf>. Acesso em: 28 fev. 2018.

SOUZA, L. B. L.; PALMEIRA, M. E.; PALMEIRA, E. O. Eficácia do uso de whey protein associado ao exercício, comparada a outras fontes proteicas sobre a massa muscular de indivíduos jovens e saudáveis. **Revista Brasileira de Nutrição Esportiva**, São Paulo, v. 9, n. 54, p. 607-613, nov./dez. 2015. Disponível em: <http://www.rbne.com.br/index.php/rbne/article/view/589/507>. Acesso em: 5 mar. 2018.

SZUCK, P. et al. Efeito da suplementação antioxidante sobre o estresse oxidativo induzido pelo exercício: revisão sistemática. **Revista Brasileira de Nutrição Esportiva**, São Paulo, v. 5, n. 28, p. 326-335, jul./ago. 2011. Disponível em: <http://www.rbne.com.br/index.php/rbne/article/view/271/273>. Acesso em: 20 mar. 2018.

THOMAS, D. T.; ERDMAN, K. A.; BURKE, L. M. Position of the Academy Of Nutrition and Dietetics, Dietitians of Canada, and the American College of Sports Medicine: Nutrition and Athletic Performance. **Journal of the Academy of Nutrition and Dietetics**, v. 116, n. 3, p. 501-528, Mar. 2016. Disponível em: <http://jandonline.org/article/S2212-2672(15)01802-X/pdf>. Acesso em: 22 fev. 2018.

UEDA, S. Y. et al. Comparable Effects of Moderate Intensity Exercise on Changes in Anorectic Gut Hormone Levels and Energy Intake to High Intensity Exercise. **The Journal of Endocrinology**, v. 203, n.3, p. 357-364, Dec. 2009.

VELHO, I.; VEBER, J.; LONGHI, R. Efeito do ácido graxo poli-insaturado ômega 3 (Ω-3) em praticantes de atividade física: uma revisão sistemática. **Revista Brasileira de Nutrição Esportiva**, São Paulo, v. 11, n. 61, p. 3-9, jan./fev. 2017. Disponível em: <http://www.rbne.com.br/index.php/rbne/article/view/483/601>. Acesso em: 5 mar. 2018.

WHO – World Health Organization. **Global Recommendations on Physical Activity for Health**: 18-54 Years Old. 2011. Disponível em: <http://www.who.int/dietphysicalactivity/physical-activity-recommendations-18-64years.pdf>. Acesso em: 21 fev. 2018.

WILMORE, J. H.; COSTILL, D. L. **Fisiologia do esporte e do exercício**. 2. ed. São Paulo: Manole, 2001.

WOLINSKY, I.; HICKSON JUNIOR, J. F. **Nutrição no exercício e no esporte**. 2. ed. Rio de Janeiro: Roca, 2002.

Bibliografia comentada

BRASIL. Ministério da Saúde. Universidade Federal de Minas Geais. **Desmistificando dúvidas sobre alimentação e nutrição**: material de apoio para profissionais de saúde. Brasília: Ministério da Saúde, 2016. Disponível em: <http://189.28.128.100/dab/docs/portaldab/publicacoes/desmistificando_duvidas_alimentacao.pdf>. Acesso em: 22 fev. 2018.

É sempre importante acompanhar os materiais produzidos pelo Ministério da Saúde, pois suas recomendações são a base do trabalho para os profissionais dessa área, além de serem veiculadas na mídia disponibilizada para a população em geral. Essa apostila em especial traz informações sobre alimentação e nutrição, com conceitos técnicos voltados à atualização profissional. Trata-se de um bom guia para a alimentação balanceada.

CLARK, N. **Guia de nutrição desportiva**: alimentação para uma vida ativa. 5. ed. Porto Alegre: Artmed, 2015.

Essa obra tem uma linguagem bem acessível e é rica em sugestões de lanches e refeições saudáveis para atletas. A forma bem didática da autora facilita o aprendizado. É, sem dúvida, um bom livro para ser consultado constantemente.

HERNANDEZ, A. J.; NAHAS, R. M. (Ed.). Modificações dietéticas, reposição hídrica, suplementos alimentares e drogas: comprovação de ação ergogênica e potenciais riscos para a saúde. **Revista Brasileira de Medicina do Esporte**, São Paulo, v. 15, n. 3, p. 3-12, maio/jun. 2009. Suplemento. Disponível em: <http://www.scielo.br/pdf/rbme/v15n3s0/v15n3s0a01.pdf>. Acesso em: 21. fev. 2018.

Esse artigo fornece informações fundamentais sobre as alterações nutricionais recomendadas para atletas por meio da avaliação das pesquisas publicadas no meio científico e das sugestões de órgãos internacionais da área. Sua linguagem é mais técnica e direcionada para profissionais – especialmente em comparação com o *Guia de nutrição esportiva*, de Nancy Clark, indicado anteriormente –, mas, ainda assim, é de fácil compreensão.

SBME – Sociedade Brasileira de Medicina do Exercício e do Esporte. Disponível em: <http://medicinadoesporte.org.br>. Acesso em: 5 mar. 2018.

De tempos em tempos, a Sociedade Brasileira de Medicina do Exercício e do Esporte (SBME) reedita seus posicionamentos a respeito da nutrição para atletas. É importante conhecer os conteúdos que ela disponibiliza, inclusive para avaliar a efetividade das estratégias nutricionais e dos novos suplementos. No *site* da sociedade, você pode ter acesso a outras publicações da área, com linguagem científica, direcionadas para profissionais.

THOMAS, D. T.; ERDMAN, K. A.; BURKE, L. M. Position of the Academy Of Nutrition and Dietetics, Dietitians of Canada, and the American College of Sports Medicine: Nutrition and Athletic Performance. **Journal of the Academy of Nutrition and Dietetics**, v. 116, n. 3, p. 501-528, Mar. 2016. Disponível em: <http://jandonline.org/article/S2212-2672(15)01802-X/pdf>. Acesso em: 22 fev. 2018.

O American College of Sports Medicine (ACSM) é o órgão mais importante na área das ciências do esporte. Trata-se de uma organização bastante ativa, que publica diretrizes com razoável frequência, as quais estão abertas para consultas na internet. O artigo de Thomas, Erdman e Burke é uma das principais publicações desse órgão em relação à nutrição esportiva. Nele, são propostas importantes atualizações considerando variadas descobertas recentes na área. O texto apresenta uma linguagem mais técnica e aprofundada, direcionada para especialistas que dominam os demais aspectos da alimentação dos atletas e que estão familiarizados com as diretrizes anteriores do ACSM. No entanto, a leitura desse artigo é importante para profissionais de educação física que atuam com esporte de rendimento, a fim de que conheçam as possíveis implicações das estratégias nutricionais aplicadas pela equipe de nutricionistas que acompanha seus atletas. Porém, para fazer essa leitura, é preciso dominar o inglês ou contar com um bom sistema tradutor. Por vezes, alguns pesquisadores brasileiros publicam parcialmente algum conteúdo do ACSM traduzido. Por isso, vale a pena prestar atenção e realizar algumas buscas na internet.

Respostas

Capítulo 1

Atividades de autoavaliação

1. c) Frutas e grãos.

   Comentário: As demais alternativas misturam fontes de proteínas (carnes, ovos e peixes), gorduras (óleos e gorduras) e vitaminas e minerais (hortaliças). O amido é outra fonte importante de carboidratos.

2. d) Respeitar a proporção recomendada de alimentos por grupo e variar as escolhas de fontes do mesmo grupo.

   Comentário: A orientação é para apostar na variedade de alimentos dentro de cada grupo alimentar, sem excluir nenhum grupo, preferindo mais os *in natura* do que os processados, mas cuidando com a proporção ideal de consumo indicada pela pirâmide alimentar e adaptada ao gasto energético individual, o qual é dado pela quantidade e pela intensidade de exercícios físicos diários.

3. c) Elas não realizam a reeducação nutricional.

   Comentário: Dietas da moda não têm fundamentação científica suficiente para serem recomendadas sem cuidados. Muitas têm origem na distorção do conhecimento ou na interpretação parcial de resultados. Mesmo que contribuam para uma perda rápida de peso, não provocam alterações na dieta que previnam o retorno do problema ou a solução de inadequações nutricionais, pois, em sua maioria, pregam a exclusão de importantes grupos alimentares da dieta sem necessidade comprovada. Nem sempre essas dietas são práticas ou de baixo custo, principalmente aquelas associadas ao consumo de frutas e de alimentos exóticos.

4. b) O calendário de competições, a rotina do atleta e a fase do treinamento. Comentário: Diferentes fatores devem ser considerados na elaboração do plano alimentar (ou dieta) do atleta, principalmente fatores endógenos (característica do atleta), como integridade física, composição corporal, gostos e preferências, e fatores exógenos do treinamento (modalidade, intensidade, fase do treinamento e efeitos do treinamento anterior) e do ambiente (calor, umidade, frio e altitude). Quando existirem fatores externos que não devem interferir na escolha da dieta do atleta, portanto, eles devem ser contornados.
5. c) Uso excessivo de suplementos e desconhecimento de fontes alimentares. Comentário: Diversos estudos têm indicado, entre praticantes de exercícios, o uso abusivo de suplementos esportivos, a falta de informação a respeito dos nutrientes e de suas fontes, o baixo consumo de carboidratos e o aumento do consumo de proteínas e de alimentos ricos em lipídios saturados e sódio.

Atividades de aprendizagem

Questões para reflexão

1. O que pode estar acontecendo com essa atleta é que a dieta escolhida por ela para perder peso está desequilibrando seus nutrientes essenciais para o esforço, como a disponibilidade de carboidratos. A falta desses nutrientes explica a queda no rendimento. A orientação para essa aluna é que ela deve seguir uma alimentação balanceada, em vez de investir em dietas da moda que não realizam a educação nutricional e, por isso, estão provocando sofrimento orgânico para manter a produtividade física do exercício. Se há problemas com o controle do peso, deve-se insistir para que ela consulte um nutricionista esportivo que possa auxiliá-la a atingir sua meta sem prejudicar seu desempenho.
2. Primeiramente, é importante ouvir o que foi dito a esse aluno, qual é a crença dele a respeito de tomar suplementos. Muitas pessoas acreditam que só porque iniciam um programa de exercícios precisam tomar suplementos, como se um fato não fosse separado do outro. Sabendo da motivação do indivíduo, pode-se abordar o assunto explicando que não são os suplementos que desenvolvem a musculatura, e sim o tipo de treino que é realizado. Por isso, os suplementos não ajudam tanto quanto a dedicação ao exercício. Como o aluno está em fase inicial de treinamento, é possível trabalhar comparando seu treino com sua alimentação. Pode-se dizer que,

assim como é necessário iniciar um plano de exercícios trabalhando o condicionamento físico de base, é preciso começar a cuidar da alimentação cumprindo os passos básicos da alimentação saudável. A suplementação é uma estratégia para ser realizada bem mais adiante no programa de treino, se for o caso. Se esse aluno for vegetariano, idoso ou tiver alguma condição clínica importante, como diabetes, hipertensão ou doenças renais, é interessante recomendar o acompanhamento de um nutricionista esportivo, para verificar se, nesse caso, há ou não indicação de suplementos esportivos.

Capítulo 2

Atividades de autoavaliação

1. d) Uso da fosfocreatina como substrato energético.

    Comentário: O sistema anaeróbio de produção de energia utiliza as fontes mais rápidas e prontamente disponíveis de energia e que independem de oxigênio, como a fosfocreatina e o glicogênio muscular e hepático. Porém, a reserva desses substratos é pequena em relação às gorduras, sendo rapidamente depletada. Não se relaciona com o emagrecimento, pois não utiliza a gordura como fonte energética.

2. b) Quantidade de energia necessária para seu metabolismo.

    Comentário: O efeito térmico do alimento pode ser compreendido como a quantidade de energia necessária para o seu metabolismo. É uma característica indiferente à prática de treinos físicos, mas que pode influenciar no efeito térmico do exercício como um todo. Seu uso pode ser recomendado em dietas de redução de peso, mas não está exclusivamente relacionado ao tratamento da obesidade.

3. b) Desidratação e depleção de glicogênio.

    Comentário: Estratégias para perda rápida de peso (PRP) expõem o atleta a condições extremas de saúde e de redução da capacidade física para o treinamento, principalmente derivadas da desidratação e da depleção de glicogênio. O melhor planejamento é controlar a composição corporal ao longo do período preparatório para realizar o refinamento no período pré-competitivo, evitando promover o balanço energético negativo intenso como na PRP.

4. c) Fisiculturistas.

    Comentário: Esportes que exigem força e potência durante a fase de treinamento e em que a imagem corporal e o índice de desempenho são os mais envolvidos nas estratégias de manipulação do teor energético da dieta, como *bulking* e *cutting*. Maratonistas e nadadores se excluem desse grupo. Halterofilistas e ginastas precisam de força e explosão, mas o percentual de gordura corporal não é uma exigência dessas modalidades, embora competir com uma quantidade menor de gordura subcutânea seja desejável.

5. a) Vegetarianos e idosos que praticam atividades intensas.

Comentário: Pessoas que praticam exercício em nível recreativo, esporadicamente, podem conseguir todos os nutrientes e a energia de que precisam para o esforço físico mediante uma dieta balanceada. Suplementos esportivos são indicados apenas em situações especiais, de alto nível competitivo ou para atletas amadores com alto grau de comprometimento com o esporte. Atletas vegetarianos e idosos podem ter um baixo aproveitamento das proteínas dietéticas mesmo com dietas balanceadas e, portanto, constituem o único caso em que o uso de creatina pode ser recomendado para apresentar melhoras justificáveis no rendimento esportivo.

Atividades de aprendizagem

Questões para reflexão

1. Ao ser confirmada a prática do jejum, tente descobrir quais são as causas para que seu aluno não coma. O treino é muito cedo? Será que ele prefere dormir mais a acordar a tempo de se alimentar direito? O aluno acredita que treinar em jejum é melhor? Em todos esses casos, a conversa é importante. Você precisa alertá-lo sobre o fato de que os sintomas que ele tem apresentado durante o exercício estão relacionados à falta de carboidratos para a atividade. O esforço prolongado em jejum, como no caso da corrida, provoca perda de massa magra e aumento da acidose, bem como queda da concentração e do rendimento. Se não houver a possibilidade de trocar o horário do treino para que ele se alimente melhor, insista para ele que coma alguma fonte de carboidrato ao menos 45 minutos antes de começar o exercício, ou seja, não precisa ser uma refeição grande. Se realmente a indisposição para se alimentar pela manhã for maior que o benefício do carboidrato, encaminhe seu aluno para um nutricionista esportivo, a fim de que este avalie outras estratégias para tentar melhorar sua qualidade de vida e seu treinamento.

2. Uma das coisas mais difíceis é tentar convencer um jovem de que o que um ídolo faz não é saudável. Métodos de perda rápida de peso são frequentes entre lutadores famosos no período antes da pesagem, mas nenhuma publicidade explica qual é o sacrifício fisiológico que o atleta enfrenta. Assim, a melhor forma de aconselhar sua equipe é expondo a ela os perigos da

perda rápida de peso para a próxima competição, mencionando que não é possível se recuperar totalmente dessa ação entre a pesagem e a luta. Porém, em contrapartida, você pode reforçar a ideia de que será possível competir em uma categoria de peso inferior em uma próxima oportunidade, pois os atletas terão mais tempo para trabalhar a composição corporal ideal e minimizar os prejuízos para a saúde e para a *performance* ocasionados pela perda rápida de peso.

Capítulo 3
Atividades de autoavaliação

1. a) Pode levar à hipoglicemia de rebote.

   Comentário: Carboidratos de alto índice glicêmico provocam uma elevada resposta insulínica, o que não é desejável para o esforço, pois reduz a glicemia circulante em vez de aumentá-la ou de mantê-la estável, levando à hipoglicemia de rebote. O consumo de carboidratos tem como objetivo aumentar as reservas de glicogênio e, como eles apresentam digestão mais rápida do que lipídios e proteínas, não estão relacionados ao desconforto gástrico, como as refeições ricas nos outros nutrientes no período pré-esforço.

2. c) Carboidratos com baixo índice glicêmico.

   Comentário: A melhor escolha são carboidratos de baixo índice glicêmico, pois o teor de fibras ou a presença de lipídios podem retardar o esvaziamento gástrico, causando desconforto. O mesmo ocorre para carboidratos complexos de baixa digestibilidade. Carboidratos de alto índice glicêmico, que provocam aumento da glicemia e da insulinemia, também não são adequados, pois há risco de hipoglicemia de rebote.

3. e) Competições de curta duração com alta intensidade demandam a utilização de carboidratos durante sua realização.

   Comentário: A reposição de carboidratos durante o esforço deve ser recomendada para exercícios de duração superior a uma hora ou para aqueles de curta duração com alta intensidade, para favorecer a recuperação do glicogênio. Exercícios de duração inferior a uma hora, mas com intensidades leves e moderadas, contam com a reposição prévia de carboidratos das refeições em pré-exercício. Esportes coletivos, como o futebol e o ciclismo, combinam longa duração e picos de alta intensidade; logo, é uma vantagem utilizar reposição de carboidratos ao longo do treino ou da competição. Bochechos com carboidratos ativam o sistema nervoso central, promovendo efeito ergogênico mesmo que o atleta não faça a ingestão da solução de carboidratos.

4. b) Ajuda o organismo a repor glicogênio e a recuperar a homeostase.

    Comentário: Os carboidratos da fase de recuperação auxiliam o organismo a recuperar a homeostase pré-esforço por meio do fornecimento de energia para as reações metabólicas de recuperação, além de renovarem as reservas energéticas e ajustarem a glicemia para novas baterias de competição. Com a refeição apropriada, a fase de recuperação será mais rápida e completa do que se o atleta estivesse mal alimentado. A desidratação é revertida principalmente com fluidos e pequenas quantidades de carboidratos.

5. b) Pode ser encontrado em forma de gel ou de bala.

    Comentário: Suplementos hiperglicídicos são compostos de 75% de glicídios e podem ou não apresentar pequenas quantidades de outros nutrientes, diferentemente dos hipercalóricos, que são compostos por glicídios e outros macronutrientes em quantidades similares às que encontramos em uma refeição equilibrada. A principal função dos suplementos hiperglicídicos é fornecer energia em forma de carboidratos selecionados, os quais podem auxiliar a recuperação muscular e, portanto, são mais adequados para o momento pós-treino. Diferentes formatos de hiperglicídicos podem ser usadas de acordo com o tipo de carboidrato que os compõem e com a velocidade necessária de liberação do carboidrato em relação ao esforço. Para isso, as formas em gel ou bala podem ser alternativas estratégicas para a administração desse tipo de suplemento.

Atividades de aprendizagem

Questões para reflexão

1. Algumas vezes, ao trabalharmos com atletas, podem surgir situações que envolvem patrocinadores que precisam ser contornadas. Como o refrigerante é uma bebida com teor de carboidratos elevado, não é adequado para ser consumido durante o exercício (na realidade, nem antes nem depois do exercício). No exemplo utilizado na atividade, a depender da quantidade de refrigerante que o atleta ingeriu, pode ter ocorrido uma elevação significativa da insulina, que levou a uma redução da glicemia. Pessoas com tendência à hipoglicemia são mais sensíveis à elevação dos níveis de insulina após a ingestão de carboidratos e, com frequência, apresentam hipoglicemia de rebote. Assim, no atleta com tendência à hipoglicemia, houve um efeito hipoglicêmico maior, e ele apresentou sintomas de falta de açúcar. Se uma conversa com o patrocinador não convencê-lo de que o melhor momento para mostrar ao público seu produto é após a partida, outra saída poderá ser orientar os atletas a matar a sede com água, dando apenas um ou outro gole no refrigerante durante o jogo.

2. Em competições assim, não há tempo para o consumo de uma refeição farta para repor todo o glicogênio e as proteínas necessários a um atleta que corre os 100 metros rasos, pois a próxima bateria acontecerá já na sequência e, se ele comer, estará em plena digestão e não conseguirá competir. A saída é optar por bebidas com teor moderado de carboidratos e aminoácidos, barras de carboidratos ou gel e água, enfatizando a hidratação e a recuperação do glicogênio. Aliado a essa estratégia nutricional, é importante que o atleta descanse.

Capítulo 4
Atividades de autoavaliação

1. c) As proteínas podem fazer parte da refeição em pré-treino na forma de aminoácidos.

    Comentário: É importante saber diferenciar as funções das proteínas e dos carboidratos, pois muitos desportistas atribuem a um a função do outro. O principal nutriente relacionado ao fornecimento de energia é o carboidrato, e não a proteína. Alguns aminoácidos, como os BCAA, podem interferir na fadiga central, retardando o seu estabelecimento, mas a concentração e o foco durante o esforço são sustentados pelo uso de carboidratos. Ao iniciar um programa de exercícios, deve-se considerar a necessidade de aumentar a quantidade de energia total da dieta, reequilibrando as proporções dos macronutrientes, e não só das proteínas.

2. a) O objetivo geral é ingerir aminoácidos para poupar glicogênio e proteínas musculares.

    Comentário: As principais funções das proteínas são a regeneração dos tecidos e a reconstrução muscular, porém, durante o esforço, os aminoácidos são usados como fonte de energia para economizar glicogênio e, na falta deste, poupar as proteínas musculares do processo de degradação para fins energéticos. No entanto, a suplementação proteica não é a melhor escolha para treinos de alta intensidade e curta duração, sendo, nesses casos, mais recomendada a utilização de carboidratos. Também não é indicado ingerir proteínas durante o esforço para melhorar a síntese proteica ou realizar exercícios de força, pois essas substâncias têm processo digestivo lento e, portanto, sua utilização durante o esforço só é indicada na forma de aminoácidos.

3. b) A SPM será maior na recuperação imediata se houver consumo de aminoácidos e carboidratos.

    Comentário: A síntese de proteínas musculares (SPM) é favorecida na presença de energia (carboidratos), de matéria estrutural (aminoácidos) e diante de estímulo apropriado (exercício físico). Apenas a suplementação não faz a SPM; é preciso haver o estímulo. Do contrário, a SPM pode ocorrer mesmo sem suplementação, por meio de reservas endógenas, mas com o risco de ser incompleta ou mais demorada. Diferentes treinamentos provocam variadas adaptações das proteínas musculares sintetizadas na recuperação. Distribuir o total de proteínas na dieta ao longo das refeições pode favorecer a SPM.

4. c) Recuperação demorada de lesões esportivas.

   Comentário: Atletas veganos descompensados, ou seja, que não equilibram suas dietas com fontes de proteínas, ferro, vitamina B12, vegetais ou suplementos apropriados, podem apresentar recuperação demorada de lesões, em virtude das baixas concentrações de proteínas e de aminoácidos disponíveis, além de terem potencial para desenvolver uma baixa capacidade aeróbia nos casos de anemia ferropriva ou por falta de vitamina B12. A baixa quantidade de proteínas não influencia o aparecimento de hipoglicemia (a qual é decorrente do uso de carboidratos com alto índice glicêmico).

5. e) Leucina, valina e isoleucina.

   Comentário: Leucina, valina e isoleucina são aminoácidos de cadeia ramificada. As demais alternativas apresentam compostos utilizados com frequência em suplementos esportivos, mas como proteínas (exceto a taurina).

Atividades de aprendizagem

Questões para reflexão

1. Algumas pesquisas revelam que a permanência prolongada de dietas hiperosmolares (com muitos elementos dissolvidos), como nas que envolvem suplementos, pode levar indivíduos suscetíveis a desenvolver problemas renais. O fato é que o sistema renal é responsável pela filtragem do sangue, e quanto mais nutrientes em excesso existirem nele, maior será o trabalho da membrana renal para realizar a filtragem. Nem todas as pessoas que consomem suplementos enfrentarão essa situação, mas, por prevenção, não se recomenda a administração de suplementos em indivíduos com histórico familiar ou pessoal de problemas renais.

2. O nutricionista recomendou o suplemento para garantir o aporte de aminoácidos essenciais na fase mais anabólica da recuperação e, assim, promover substratos para a construção muscular estimulada pelo treino. Em idosos, a suplementação pode ser necessária, pois o consumo de alimentos geralmente é menor e o aproveitamento interno (*turnover*) de proteínas é mais reduzido.

Capítulo 5

Atividades de autoavaliação

1. a) 15% a 30% do VCT, na maioria das fases do treinamento.

   Comentário: Independentemente da modalidade, os atletas atendem às mesmas recomendações de quantidade de lipídios na dieta que as pessoas que não são atletas, ou seja, máximo de 30% do valor calórico total (VCT) e mínimo de 15% do VCT, pois as gorduras têm importantes funções para a saúde e, por isso, não podem ser excluídas da dieta. Atletas em fase de redução de peso devem buscar não diminuir para menos de 15% o teor de lipídios de sua alimentação. Um cuidado deve ser tomado quanto aos atletas com elevado VCT, para que não consumam em excesso gorduras saturadas, embora estas também devam fazer parte de uma dieta saudável, ainda que em pequenas quantidades.

2. d) Óleo de peixe e linhaça.

   Comentário: Os ácidos graxos poli-insaturados estão presentes em maioria nos óleos de peixe e nas sementes, como a linhaça. Camarões e gordura de coco e de palma são fontes de ácidos graxos saturados, enquanto a margarina vegetal é fonte de ácidos graxos interesterificados ou hidrogenados, os quais perdem as qualidades benéficas de poli-insaturados ao sofrerem modificações químicas.

3. c) São absorvidos tão rapidamente quanto a glicose, mas fornecem energia tanto quanto os lipídios.

   Comentário: Os lipídios do tipo triglicerídeo de cadeia média (TCM) não estão relacionados ao aumento ou à redução do colesterol LDL nem apresentam atividade antioxidante como os da família ômega, pois são ácidos graxos de natureza saturada. Mesmo que tenham digestão facilitada e maior densidade energética como os carboidratos, não devem substituir o uso desses nutrientes no fornecimento de energia, principalmente pela desvantagem de estarem associados ao aparecimento de problemas gastrointestinais durante o esforço. Portanto, seu uso permanece controverso e não recomendado até o momento.

4. d) O nível de exaustão pelo treinamento intenso, além da capacidade antioxidante natural do organismo.

   Comentário: O excesso de treinamento físico aliado a uma nutrição deficiente e ao tempo reduzido de recuperação é a principal causa de estresse oxidativo em atletas. O elevado consumo calórico ou a utilização de lipídios como fonte de energia não constituem isoladamente uma causa para a maior produção de espécies reativas de oxigênio.

5. e) Vitamina A.

Comentário: Todas as alternativas correspondem a elementos de ação antioxidante, porém, aquela que apresenta um nutriente principalmente encontrado em hortaliças é a letra "e" – vitamina A. Essa vitamina aparece principalmente na composição de vegetais alaranjados na forma de seu precursor, o betacaroteno. O ômega 3 e a vitamina E provêm de lipídios; já o ferro se encontra principalmente nas carnes e o selênio, em oleaginosas.

Atividades de aprendizagem

Questões para reflexão

1. Nessa situação, uma sugestão interessante é propor a realização de um evento de educação nutricional para toda a turma. Durante a conversa, você poderá comentar que os lipídios não são adequados para consumo antes do exercício, pois apresentam um tempo de digestão demorado, o que atrapalha a ação dos outros nutrientes. Pode ocorrer que, para digerir gorduras, o organismo precise diminuir o exercício, reduzindo drasticamente o desempenho. Pode ocorrer ainda que a digestão estacione para direcionar o sangue ao exercício – se este for intenso –, o que pode levar o organismo à congestão (parada de alimento no trato gastrointestinal). Nos dois casos, o melhor é indicar a realização de um lanche em pré-exercício com carboidratos e livre de gorduras ou de fibras e com muito líquido. Outra informação importante e que deverá ser mencionada à turma se refere à qualidade da dieta como um todo. Os alimentos fritos são ricos em gorduras saturadas, que contribuem para o entupimento das artérias e o desenvolvimento da aterosclerose (doença cardiovascular). Por mais que o exercício tenha como benefício diminuir o entupimento das artérias, ele não é suficiente para corrigir erros alimentares. Pelo princípio da moderação, é possível comer pastel, mas não toda a semana nem antes do esforço físico.

2. O exercício intenso eleva em muito a utilização de oxigênio – muito mais do que quando o organismo está em repouso. Com isso, mais espécies reativas de oxigênio são formadas. Porém, nosso corpo dispõe de um sistema natural para neutralizar esses radicais livres. Somente quando o esforço é extenuante (até a exaustão), ou caso o atleta não descanse entre os dias de exercício intenso, é que existe a possibilidade de o sistema endógeno não estar conseguindo conter a oxidação do sangue. Dessa forma,

instala-se o estresse oxidativo. Praticantes de exercícios físicos regulares podem obter antioxidantes da dieta balanceada por meio do consumo regular de frutas, hortaliças, peixes e castanhas. Não há necessidade de suplementação.

Capítulo 6
Atividades de autoavaliação

1. b) Acionamento de todos os ventiladores disponíveis na academia em dias quentes.
   Comentário: Algumas atitudes simples contribuem de forma eficiente para reduzir a termogênese durante o esforço e o desconforto térmico ao treinar, como aumentar a ventilação do ambiente e evitar situações que reduzem o esfriamento corporal, como bloquear a evaporação do suor da pele (usar plásticos, roupas de inverno no calor, roupas de tecidos sintéticos não respiráveis ou retirar o suor antes da evaporação, por exemplo). Algumas pessoas utilizam esses tipos de recursos para perder mais peso ao treinar, sem considerar que a maior parte da redução da massa corporal entre o início e o término do esforço é dada pela desidratação, e não pela redução da gordura corporal. O risco de termogênese aumentada é maior em exercícios ao ar livre em dias quentes e úmidos.
2. a) Corrida de aventura.
   Comentário: O maior risco de desconforto térmico está nas modalidades de longa duração realizadas em ambientes expostos a condições climáticas de alta temperatura e alta umidade, como florestas e montanhas, características das corridas de aventura.
3. b) Cãibras ou dor de cabeça.
   Comentário: Atletas bem hidratados podem sofrer de hiponatremia (falta de sódio) durante o esforço. Esse problema pode ser evitado se o esportista seguir as recomendações para hidratação e para reposição de eletrólitos antes, durante e após o esforço. Quando as estratégias nutricionais não são suficientes, é possível observar um aumento na incidência de cãibras por falta de potássio e de dor de cabeça por falta de sódio, principalmente em ambientes quentes e úmidos, em que os atletas apresentam maior perda hídrica. O fato de certos indivíduos que já apresentam esse padrão de termorregulação suarem em profusão não significa necessariamente que eles precisam de eletrólitos extras. A sensação de sede está relacionada à necessidade de fluidos.

4. e) Iniciar a hidratação de duas a quatro horas antes da competição, até a urina adquirir uma cor amarelo-pálida.

   Comentário: A hidratação em pré-competição ou em pré-treino começa com a rotina diária do atleta, ou seja, não é a proximidade do esforço que determina o início desse processo. O ideal é que o esportista permaneça a maior parte do tempo em estado hidratado. Para que os fluidos exerçam influência no organismo durante o evento esportivo, a hidratação deve ser realizada a partir de quatro horas antes da competição. Portanto, deve-se observar a coloração da urina. Muita quantidade de água com poucos eletrólitos pode aumentar o risco de hiponatremia. Logo, a reposição de líquidos a ser realizada deve ser balanceada com o estado de hidratação já apresentado pelo atleta. Cerca de 30 minutos antes do esforço, é importante pausar a ingestão de fluidos, para que o esportista faça a excreção do excesso de líquidos; caso contrário, talvez ele precise interromper a prova para urinar.

5. c) Para a reidratação de atletas durante exercícios físicos com duração acima de uma hora.

   Comentário: Bebidas isotônicas são alimentos funcionais, isto é, têm função específica e momento adequado de consumo. Não são refrigerantes ou refrescos para serem ingeridos fora do ambiente esportivo, principalmente porque contêm teores de eletrólitos, como o sódio, que não são adequados para pessoas com hipertensão e que apresentam risco de problemas renais. Gestantes e crianças em atividades leves podem se beneficiar do uso de água para a hidratação e de uma dieta balanceada rica em frutas e hortaliças.

Atividades de aprendizagem

Questões para reflexão

1. O exercício no verão já é um fator de aumento da termogênese provocada pelo esforço, o que pode se agravar com o excesso de peso e piorar se o indivíduo cobrir o corpo com plásticos, reduzindo a área corporal disponível para a evaporação do suor e, assim, resfriar a temperatura interna. Então, você pode esclarecer ao participante do jogo de futsal que, ao cobrir o corpo com plásticos, o peso que porventura ele perderá será referente à água eliminada, e não à gordura; logo, assim que ele se reidratar, recuperará

esse peso. Você também pode conversar com ele sobre a importância de deixar o suor evaporar e de evitar a desidratação por medo de recuperar o peso perdido. Concluindo, a melhor estratégia para perder peso é continuar praticando exercícios regularmente (não só durante o verão) e adotar uma dieta balanceada.

2. Como estratégia geral, você pode calcular 250 ml de líquidos a cada 20 minutos por atleta, supondo que eles terminem a prova no máximo em 12 horas, como previsto pela organização. Você poderá organizar a equipe de modo que todos tenham bebidas suficientes para a duração total estimada da prova, ou seja, nove litros por atleta (sem considerar as necessidades individuais e as condições ambientais para esse cálculo). A composição dessas bebidas poderá ser feita com base em uma mistura de água, carboidratos, BCAA e eletrólitos em baixa concentração, em temperatura fria. Os carboidratos são para dar energia; os BCAA, para preservar glicogênio e massa magra; e os eletrólitos, para repor as perdas. Essa mistura deve ser calculada de acordo com o desenvolvimento da prova. Mas como a Volta à Ilha de Bike se trata de um desafio muito longo, com trechos de trilha em que o carro de apoio (com as bebidas) não pode chegar, você pode orientar seus alunos a usar manoplas e mochilas de hidratação que poderão ser substituídas em pontos estratégicos do circuito. Além da distância, a duração prolongada poderá afetar a temperatura dos suplementos. Então, leve algumas garrafas congeladas na caixa térmica, pois elas se descongelarão lentamente à medida que a prova avança. Uma alternativa é aproveitar os pontos de hidratação e as frutas fornecidas pela organização do evento para reduzir a quantidade de líquidos que você precisa levar para cada atleta. Lembre-se de levar também barras de carboidrato, bananas e outras frutas como itens extras.

Sobre a autora

Neila Maria de Souza Wendling é mestre em Educação Física (2013) pela Universidade Federal do Paraná (UFPR) e especialista em Fisiologia e Cinesiologia da Atividade Física e Saúde (2003-2004) e em Musculação e Treinamento de Força (2006-2007) pela Universidade Gama Filho (UGF). É licenciada plena em Educação Física (1996) e graduada em Nutrição (2001), ambas pela UFPR. Desde 2006, trabalha como orientadora em esporte e lazer na Secretaria Municipal do Esporte, Lazer e Juventude de Curitiba (SMELJ). Fez parte da equipe Curitibativa e do Centro de Referência Qualidade de Vida e Movimento (CRQVM), responsáveis por pesquisar e promover ações educativas e incentivar a atividade física em Curitiba. Em 2011, participou da comissão científica do 11º Seminário Internacional sobre Atividades Físicas para a Terceira Idade (Siafti), e, em 2016, fez parte do subcomitê científico local da 22nd IUHPE World Conference on Health Promotion, realizada em Curitiba. Foi membro do Conselho Regional de Nutricionistas do Paraná (8ª Região), do Conselho Municipal de Segurança Alimentar e Nutricional e do Conselho Municipal de Alimentação Escolar. Como nutricionista, atua na nutrição esportiva desde 1998 e participou da primeira equipe de nutricionistas da Universidade do Esporte (UE) em Curitiba. Atualmente, permanece atendendo como nutricionista esportiva em academias e também faz treinamento personalizado. Está envolvida em linhas de estudo com ênfase em qualidade de vida, principalmente sobre atividade física e envelhecimento, desenvolvimento de instrumentos para avaliação física e nutricional e consumo alimentar.

Impressão:
Abril/2018